LAS CONSTELACIONES DE MI VIDA.

ARUKY VILLALPANDO

Biografía del autor.

Aruky Villalpando es un talentoso escritor de 23 años de edad que se encuentra en la emocionante etapa de lanzar su primer libro.

En su tan esperado primer libro, Aruky explora temas profundos y universales que invitan a la reflexión y a la exploración de la condición humana.

Además de su carrera como escritor, Aruky es una persona amable, siempre dispuesto a compartir su conocimiento y experiencias con otros escritores y entusiastas de la literatura.

Con su primer libro a punto de ser lanzado, Aruky espera emocionado compartir su voz única con los lectores. Su entusiasmo y dedicación son evidentes en cada página y se reflejan en su deseo de seguir creciendo y explorando nuevas posibilidades en su carrera como escritor.

Aruky Villalpando está listo para cautivar al mundo con su primer libro y dejar una huella duradera en la literatura contemporánea.

Con imperecedero amor.

Dedico este libro:

"A mi eterno amor, Alexis Alvarado, aunque nuestras vidas hayan tomado caminos separados, mi corazón siempre llevará el recuerdo de nuestro tiempo juntos. Este libro está dedicado a ti, como un testimonio de los momentos que compartimos y el impacto que tu presencia dejó en mi vida. Gracias por ser mi apoyo incondicional en cada paso de mi vida.

A la familia Alvarado Meléndez, por su amor y apoyo incondicional, gracias por formar parte de mi historia, gracias por hacerme sentir lo que es tener el amor de una familia.

A mis amados abuelos, Juan Torres y Yolanda Vargas, su legado de sabiduría y amor perdurará en cada página de este libro.

Aquí comparto las lecciones que la vida me ha enseñado, y con gratitud, los honro a todos ustedes.

Que estas palabras sean un tributo a los lazos que nos unen y a las lecciones que aprendí a través del amor y la experiencia vivida. Con cariño y gratitud,

Aruky Villalpando.

Índice

Regreso a clases. 28
Primer día de clases. 29
Adolescencia. 42
Regreso al rancho. 46
La Astrología en mi vida. 53
Preparatoria. 55
Primer día de clases. 55
Rey Estudiantil. 61
Mi padre biológico. 64
Una nueva lección. 66
Capítulo 9 Sagitario. 71
Confección. 76
Un mensaje. 80
Capítulo 10 Capricornio. 83
2020. 89
La noticia. 91
DICIEMBRE 2020. 91
La llamada. 93
Mi luz, mi tierno chico escorpio. 96

LA ASTROLOGÍA ES LA CIENCIA QUE AÚN NO HA SIDO COMPLETAMENTE ESTUDIADA.

Pasado.

Mis padres se conocian por primera vez, mi madre una chica de rubia de ojos de color y de solo 16 años y mi padre un chico alto, cabello oscuro, de 18 años de edad. Eran solo dos adolescentes enamorados, viviendo su felicidad de su tierno amor de juventud.

Mi madre de nombre Lizeth torres, hija de una familia de rancho,respetable y llena de principios. Y mi padre de nombre Jorge Villalpando, hijo de una familia de negocios, con un restaurante. Ambos jóvenes sabían lo que era tener una familia, pero no supieron darme una familia a mi, su futuro hijo.

Tenían ya varios meses de ser novios la pareja de jóvenes quedaron embarazados, una noticia que seria no tan buena, pues ambos aún eran muy jóvenes para ser padres, pero que al final tuvieron el apoyo de sus familias para traer a el bebe al mundo
El embarazo de Lizeth fue tierno y aunque no fue algo planeado ella estaba feliz, me refiero a ella por su nombre, ya que nunca fue una madre para mi. Jorge y Lizeth comenzaron su vida juntos, poco después de saber la noticia del embarazo, se compraron una linda casa, la cual pudieron pagar trabajando ambos en el restaurante de mi abuela paterna. Durante los nueve meses de embarazo, comenzaron varias peleas entre mis padres y

su relación comenzó a dañarse mucho, tanto que llegaría a terminar.

30 DE JULIO DEL 2000.

El nacimiento.

La tarde del veintinueve de julio del año dos mil, Lizeth mi madre comienza a tener fuertes contracciones a lo cual mi padre avisa a la familia de mi madre que la llevaría al hospital. luego de llegar a el hospital y pasar toda la noche en labor de parto, la mañana del siguiente dia, de un domingo treinta de julio del año dos mil, a las once con quince minutos de la mañana, fue mi nacimiento, un bebe con, sol en leo, luna en leo y ascendente en libra. los más felices por mi nacimiento fueron mis abuelos maternos, ya que yo era su primer nieto y me esperaban con mucha emoción.

después de un mes de mi nacimiento, mis abuelos maternos Yolanda y Juan, me llevaron a vivir con ellos a el rancho, pues mis padres peleaban demasiado y además no me cuidaban mucho. al cumplir tres años de edad, mis padres se divorcian, esta situación sería uno de los primeros desafíos que el universo traería para mi, por que claro aún vienen muchos más, este apenas es el comienzo de todas las constelaciones de mi vida. Por lo que me cuenta mi abuela materna yolanda, la separación de mis padres fue muy mala, mi padre echó a la calle a mi madre, descalza, en pijama y nunca le entregó nada de las pertenencias de mi madre, bueno al menos esa fue la versión con la que yo crecí. después del divorcio mi madre regresó a vivir a el rancho en el que yo vivía con mis abuelos yolanda y juan, después del divorcio de mis padre yo ya no volví a ver a mi papá por un par de años, ya que mi madre con quería que yo tuviera comunicación con él, por los problemas que ellos dos habían tenido. Mi madre comenzó a estudiar en la universidad, terminó su carrera y empezó a trabajar en una empresa como abogada.

A partir de aquí, mi caótica e irreal vida estaría dando comienzo, bienvenidos a las constelaciones de mi vida.

Capítulo 1. Aries

De los cero a los cinco años de edad mis recuerdos son pocos, obviamente por mi edad, ya mencionada, pero les contaré esos pocos recuerdos de esos primeros cinco años de mi vida.

Lizeth mi madre nunca estaba en casa, siempre estaba trabajando, ya que después de su divorcio, en ella nació un sentimiento de odio hacia mi padre que la impulsaba a querer tener la mejor vida en todos los aspectos. la ausencia de mi madre siempre fue muy clara, recuerdo mi primer día del preescolar, al cual la que me llevó fue mi abuela Yolanda, puedo recordar como ella me hacía mi lonch y de tomar me ponía mi vasito de leche con chocolate que tanto me gustaba. desde muy pequeño para mi ella comenzaba a ser mi mama, ella era la que me cuidaba siempre y recuerdo que por las noches yo dormida con ella. y por otro lado, a mi madre la comenzaba a ver como a un hermana, realmente no la culpo pero ella estaba tan concentrada en su trabajo y ser exitosa, que se le olvidaba que tenía un hijo. los únicos recuerdos que puedo recordar con Lizeth, es como casi todos los días llegaba con un juguete nuevo para mi, tal vez sea triste pero no puedo recordar algo más que eso. aunque yo aún era muy pequeño, recuerdo como en mi cabecita tenía la duda de porque mi mama siempre podía llegar con nuevos juguetes que yo ni siquiera pedía, pero ella nunca podía ponerse a ver televisión conmigo, dibujar o leerme un cuento antes de dormir, tenía un juguete nuevo cada noche, pero no tenia un beso de buenas noches.

El odio.

El odio que mi madre comenzó a tener hacia mi padre, es una parte muy importante que tengo que contarles, ya que será la raíz del comienzo de la ambición de Lizeth, tanto que la llevaría a encontrar el final de su vida. Cuando mi madre se divorcia de mi padre, en ella nace un odio profundo hacia mi padre. mi madre venía de una familia regularmente bien, mi abuelo tenía un empleo y además a esto tenía un rancho con vacas y muchos más animales, no no era una familia millonaria pero si vivíamos bien y con mucha comodidad, pero mi madre después de su divorcio comenzó a estudiar y trabajar para ella desde cero comenzar a tener su dinero y sus propias cosas, sin necesidad de mis abuelos, ni de nadie, esto para demostrarle a mi padre que sin él, ella seria y tendría muchísimo mejor posición económica que el, claramente ella solo estaba alimentado su ego, su odio que comenzará a cegarla y sumergirla en la ambición. Después de terminar su carrera en derecho comenzó a trabajar en una empresa ubicada en Delicias, Chihuahua, ciudad en donde yo nací.

Mi madre era una chica muy joven, muy bonita, ojos azules, piel blanca y caballero rubio, con un cuerpo de supermodelo, en fin la belleza que tenía era muy irreal. Lejos de todas sus cualidades físicas, también era una mujer muy inteligente, que usando todas sus cualidades físicas en mancuerna con sus inteligencia, sería algo que la hará destacar rápidamente en el mundo laboral y llevarla a un gran puesto dentro de la empresa a la cual había llegado.

A los pocos meses obtuvo la dirección general de la empresa en la que estaba, le comenzó a ir estupendamente económicamente, pero dentro de lo bueno siempre vendrá lo malo, la vida económica de mi mama estaba realmente bien, no tenía ninguna necesidad y mientras ella siguiera trabajando mucho, podría lograr muchas cosas más, pero aunque no existía una necesidad material, lo que sí había dentro de ella era ese odio de tener todo en exceso y resaltar por encima de mi padre, mi madre cegada por ese odio y conociendo personas de mucho poder dentro de los negocios, decide entrar a el mundo del narcotráfico, no hablaré mucho a detalle sobre el tema en que rama del narco se integró. una decisión que cambiará su vida por completo y claramente también la mía y de mi familia.

Cegada por su ambición, tomó una decisión sin pensar en las consecuencias que podría llegar a tener en su vida en la de su pequeño hijo y en la de su familia, lizeth no tenía carencias económicas y entro a ese mundo solo por gusto propio algo que nunca en mi vida se lo voy a perdonar.

Después de un año transcurrido de que lizeth mi madre en ese mundo de los negocios sucios, mi vida comenzó a cambiar demasiado, mi madre estaba siempre de viajes, de fiesta o en sus negocios, recuerdo perfectamente que le dia de mi graduacion del kinder que era el primer evento importante de mi vida, ella no pudo estar pero sí pudo darme muchos regalos que obviamente para ella sustituyen su falta de cariño que nunca me supo dar.

Creo que el no tener el cariño de mi madre desde pequeñø, es uno de los pilares que me construyeron a ser una persona realmente fuerte, pues solo imaginen tener todo materialmente, ser un niño de seis años y lo único que deseas es tener un domingo en familia así como todos tus compañeros de escuela lo tenían.

A mis seis añøs de edad, yo no deseaba un juguete, lo único que deseaba era tener una vida normal, pero el universo aun tenia muchas mas lecciones preparadas para mi.

Capítulo 2. Tauro

De los seis a los ocho años de edad, tengo algunos recuerdos raros, caóticos y diferentes que contarles. la vida de soltera de mi mamá, es solo trabajar, gastar dinero y viajar, mientras que a mí me seguían cuidando mis abuelitos, a los cuales yo ya veía como mis padres desde siempre.

Mi madre estaba muy enfocada en sus negocios de dinero sucio, ya que era algo que claramente le generaba mucho dinero, recuerdo claramente cómo ella tenía más de 4 autos, todos los días llegaba con regalos para mi, y tenia un inmenso guardarropa que toda mujer pudiera soñar, viaja cada fin de semana a lugares como; Cancún, Acapulco, Mazatlán y muchos más, yo siempre me quedaba en casa con mis abuelos, ya que ellos no permitían que me llevara a ningún viaje, pues estaban conscientes y en desacuerdo que ella estuviera ganando dinero de esa manera.

Mientras mi madre estaba siempre en sus negocios, mis abuelos trataron de darme una vida normal, pero realmente siempre fue casi imposible. cuando estaba en segundo añø de primaria y tenia siete añøs de edad, en mi escuela teníamos la costumbre de que cada lunes nos tocaba llevar dinero para ahorrar y todo el dinero que ahorramos durante el ciclo escolar no lo entregaban a el final del ciclo, yo normalmente era el niñø que más ahorraba de mi salon, casi siempre llevaba $500 o $1000 pesos mexicanos, que para esa época era realmente mucho dinero.

Un lunes por la mañana, estaba por subirme a la camioneta de mi abuelo para dirigirnos a la escuela, cuando antes de lir de casa, lizeth mi madre, me procede a dar el dinero que llevaría para ahorrar, cuando me da el dinero, me pide mi cajita de mis colores y me dice que en la cajita llevaría el dinero para ahorrar que eran varios billetes, que no los sacara hasta que fuera mi turno de ahorrar y se los fuera a dar a la maestra, yo con tan solo siete años de edad, procedi a obedecerla. ya estando en mi salon de clases y mi maestra comienza a llamarnos a uno por uno para entregar nuestro ahorro de la semana, pues finalmente llega mi turno, cuando escucho mi nombre, me pongo de pie, abro mi mochila y saco mi cajita de los colorrres, donde mi mma habia puesto el dinero, me llevo la cajit de los colores, llegó a el escritorio de mi maestra y procedo a decir, maestra aqui esta mi dinero para ahorrar, me lo dio mi mama, procedo a abrir la cajita y sacó dos fajos de billetes que daban la cantidad de $30 mil pesos mexicanos, si un niño de 7 añøs llevando treinta mil pesos mexicanos en el año 2007, al momento de sacar todo ese dinero, la primera pregunta de muestra fue, Aruky, por que traes todo ese dinero, se lo tomaste a tu mama de su bolsa, a lo que yo le dije, no maestra ella me dijo que lo trajera, obviamente por l cantidad de dinero era irreal que yo fuera a ahorrar todo eso, a lo que mi maestra me dice, no Aruky, no seas mentiroso, lo tomaste sin permiso y le vamos a llamar a tu mamá para que venga por su dinero. nuevamente yo le dije, no soy mentiroso, ella me lo dio. la maestra me llevó a la oficina de la directora y procedieron a llamarle a mi madre, después de un buen rato mi madre llegó a la escuela y cuando la maestra le explica la situacion, mi madre les responde que efectivamente ella había enviado ese dinero para ahorrar que yo no lo había tomado de su bolsa, mis maestras super desconcertadas, le dijeron a mi madre que fuera más cuidadosa que una cantidad a si no se enviaba con un niño, además que la escuela estaba sorprendida pues treinta mil pesos era lo que llegaba a ahorrar un salón completo en todo el ciclo escolar, a lo que mi mama les explico que ella seguiría enviando ahorros altos para que ya no se sorprendieran.

Este fue de mis primeros eventos caóticos en los cuales después de este suceso los maestros de mi escuela se dieron cuenta de la buena posición económica de mi madre y comencé ser el alumno favorito de muchos, claro solo por conveniencia.

Cuando estaba por cumplir ocho años de edad, a mi madre se le ocurrió empezar a querer formar ese vínculo de madre e hijo que no existía, por lo que decidió llevarme a vivir a una de sus casas en la ciudad, dejando así el rancho de mis abuelos, algo que yo no quería y que desde el día uno yo iba completamente en llanto pues para mi, mi mamá era mi abuela, no ella.

Aun así mi madre se aferró a llevarme. Los primeros días en la nueva casa decidí y le dije claramente a mi mama que no iba a comer hasta que me regresara a vivir con mis abuelos. con el pasar de los días yo comencé a hacerle creer a mi madre que si estaba comiendo pero mi comida me la llevaba a mi habitación y la escondía debajo del closet, esto lo hice por diez días, hasta que un dia por la mañana, estaba jugando en el patio y de pronto me desmaye, mi mama me llevo al medico ,me enviaron a hacer estudios y resultaba que tenia anemia por no comer, cuando le dieron la noticia a Lizeth mi madre, estaba muy sorprendida, hasta que yo le dije que todos los días escondía mi comida porque yo quería regresarme con mi abuela yolanda y me sentía triste. Después de esa situación mi madre regresó a vivir a casa de mis abuelos en el rancho en donde yo era completamente feliz. y aunque me había generado anemia por no comer, al menos había logrado volver a mi lugar feliz.

Poco después de regresar a casa de mis abuelos, se aproximaba mi cumpleaños número ocho, por lo que mi madre me estaba planeando una enorme fiesta en un precioso salón de eventos que normalmente era para bodas, ya que era demasiado grande para un cumpleaños, pero para mi madre no era imposible. Mi fiesta sería con temática de spider man, ya que era un superhéroe que me gustaba demasiado, claro yo no había pedido una fiesta así de regalo de cumpleaños, pero mi madre no desaprovechó alguna fecha importante para poder organizar eventos enormes y derrochar dinero.

La Fiesta.

El dia de mi fiesta de cumpleaños número ocho no comenzó de la mejor manera, ese dia por la mañana yo desperté de malas ya que no quería una fiesta y yo solo habia pedido un pastel de cupleaños, desperte y comencé a llorar por no queria ir a mi propia fiesta, mi abuela comenzó a platicar conmigo y me explicaba que la fiesta era para mi y que muchas personas me darian regalos, a lo que yo respondía, que ya tenía muchos juguetes, no quería más.

Se llego la hora de la fiesta y todo era perfecto, un salon de fiestas muy grande y bonito, mesas arregladas con manteles blancos y centros de mesa con decoracion de spiderman, 2 pasteles gigantes en la mesa de dulces, dos mesas enormes llenas de regalos de los mas de cien invitados y claro no podia faltar la piñata, que para mi sorpresa en mi fiesta tuve 3 piñatas, dos de spider man rojo y una de spiderman negro.

Recuerdo que en toda la fiesta solo vi una o dos veces a mi madre Lizeth, ya que ella estaba muy ocupada con todos los invitados, porque obviamente primero estaba su imagen de sociedad.

Probablemente muchos de ustedes crean que soy egoísta y prepotente al decir lo siguiente, pero realmente no recuerdo esa fiesta de cumpleaños de una manera especial, la mayoría de mis recuerdos de niño no son emocionales sino materiales y esa fiesta de cumpleaños,muchas veces desearía poder volver al pasado y cambiarla por un simple cumpleaños con mis un par de padres que no se odian, no están divorciados y tienen una vida normal, pero la realidad es esta, al pasado no se puede volver, tal vez en mi siguiente vida y en otra constelación sea diferente.

Capítulo 3. Geminis

Para tener ocho años y ser solo un niño, yo había logrado identificar que claramente tenía cero conexión con mi madre, como anteriormente lo había dicho, más que verla como mi madre para mi ella era como una hermana mayor. saben, no la culpo por no saber crear esa conexión de madre e hijo conmigo, fue madre muy joven y claramente no estaba preparada para ser madre, no tengo odio hacia a ella por eso, pero si se gano mi odio para siempre por algunas decisiones que ella tomó y más adelante se las contare.

El universo siempre te da las lecciones que necesitas y a las cuales tu alma viene a esta vida, así que el universo no me dio una conexion con mi madre, ni con mi padre, pero si me dio un par de abuelos maternos que me criaron como a un hijo tal cual, me amaron a su manera y aunque muchas veces no tomaron las mejores decisiones, siempre intentaron ser un padre y una madre para mi, eso se los voy a agradecer toda mi vida porque ellos dos fueron las personas que formaron a ese niño fuerte que no tenía idea de todas las cosas que el universo tenía preparadas para el.

Colegio.

Siempre fui un niño muy tímido, introvertido y que le costaba demasiado el poder hacer amigos y para mi mala suerte siempre me cambian demasiado de escuela. en cuarto año de primaria, mi madre me cambio a un colegio privado en donde mis maestras eran monjas, si el colegio era religioso, realmente solo les podría decir que fue el peor año escolar de mi vida, desde niño nunca me gusto rezar, ni nada de ningún tipo de religión y en ese colegio, todos los viernes rezabamos en grupo por la salud de todos, de verdad que yo deseaba que nunca fuera viernes para que no llegara ese dia en el cual rezamos por más de dos horas, para mi era como un castigo ir en esa escuela, tanto que le pedía siempre a mi abuelo Juan que convenciera a mi madre de cambiarme de escuela, pero ella siempre se negaba pues quería que estudiara ahí por ser la mejor escuela de la ciudad. así que por lo tanto tuve que seguir cursando el cuarto año de primaria ahí.

Dejando a un lado mi horrible año escolar, se comenzaba a aproximar mi cumpleaños número nueve y esta vez sí estaba un poco emocionado pues yo había pedido de regalo de cumpleaños un pollito, si suena simple pero es cierto, a pesar de que yo vivia en un rancho lleno de vacas, gallinas, cerdos y muchos otros animales, pues yo de regalo habia pedido un pollito de color azul, era algo que estaba muy de moda, solo eran pollitos normales que los pintaban con pintura vegetal y estaban listo para venderlos. yo estaba realmente muy emocinado porque obviamente esperaba recibir mi pollito de color rojo, pero para mi sorpresa mi regalo fue algo totalmente diferente.

llegando el dia de mi cumpleaños, después de que ya habíamos partido el pastel y gracias a el universo este año mi madre había decidido solo hacer una pequeña comida familiar, se llega la hora de recibir mis regalos, mis abuelos me regalaron ropa y una tía me regaló un traje de power rangers, cuando mi madre me va a dar su regalo, me dice, ve por tu regalo al auto blanco, el nissan, ahí está tu regalo en la parte de atras, se me olvido bajarlo, a lo que yo automáticamente fui a ese auto a checar mi regalo de cumpleaños, llegando a donde estaba el auto, procedo a abrir la puerta de atrás y al momento de abrirla veo a un animal del tamaño de una gallina, por lo cual yo pienso que es una gallina, cierro la puerta y voy a con mi madre y le dije, porque me regalas un gallina, ya tenemos muchas en el rancho, no la quiero, yo queria un pollito de colores, mi madre riéndose me dice, no es una gallina, es una avestruz emú, es un animalito que viene de áfrica, yo sin saber que era eso, le repeti que no lo queria y procedi a irme a mi habitacion, enojado obviamente por que tenia una aveztruz de miles de pesos, pero no tenia mi pollito de colores de veinte pesos.

Al dia siguiente me despierto y mi abuelo me dice que mi avestruz ya estaba en los corrales del rancho, que le habían puesto un corral especial para ella, Aun lado de el de las gallinas, que era mi responsabilidad ir a darle de comer, ponerle agua y limpiar su corral, que eso no lo haría él, ni tampoco algún trabajador del rancho, por lo cual me puse a desayunar y después de terminar me fui a ver a mi famosa avestruz, poco a poco fue un animalito que aprendí a querer mucho, le puse un nombre, se llamaba kamelia, y ella comenzó a ser muy chiple conmigo, solo yo podía alimentarla y si le rascaba el lomo, se echaba para que la abrazara, comenzó a crecer mucho hasta que después de 4 meses ya estaba bastante grande, tambien comenzo a ser muy salvaje y agresiva, por lo que nadie podía entrar a su corral, solamente a mi no me atacaba, yo comencé a investigar en internet acerca de mi avestruz, descubrí que era un tipo de avestruz llamado emu, que estaba en peligro de extinción y creo que de hecho era ilegal su venta en australia, por lo que obviamente tenerla en México era ilegal, pero me imagino que mi madre la había comprado por medio de alguno de sus contactos importantes de sus negocios sucios. realmente siempre recordaré ese regalo de cumpleaños como uno de los más raros de toda mi vida, la verdad jamás pensé en tener una avestruz de mascota, cuando yo solo había pedido un pollito de colores.

Para esta época de mi vida todo transcurría de lo más normal, bueno normal a mi manera, yo seguía viviendo y creciendo en el rancho de mis abuelos, ahi tambien viva mi tia rocio, hermana de mi madre y mi primito kiril, hijo de mi tia rocio, tambien mi abuela tenía otros dos hijos, que no voy a mencionar sus nombres por el momento, porque son personas que siempre me trataron mal, ellos envidiaban que mi abuelo Juan me viera también a mi como a un hijo más, e incluso que me quisiera más a mi que a ellos que eran sus propios hijos.

Navidad Social.

El año estaba por terminar, era 24 de diciembre del año 2009, mi familia se preparaba para la cena de nochebuena, a mi madre lizeth se le había ocurrido la maravillosa idea de invitar a toda la familia de mi abuelo y a toda la familia de mi abuela a festejar navidad en el rancho todos, invitando a tias, tios, primos, primas, sobrinos, parientes muy muy lejanos, todo en un solo lugar para festejar la navidad.

Entiendo que la navidad es para pasarla en familia, pero realmente mi madre había invitado a familiares que hace años no veíamos e incluso además de toda la familia ella también invitó a amigos de ella, pero bueno no era nada raro, siempre quería demostrar todo el dinero y poder que ella tenía. la casa se mando a decorar con muchas luces de color blanco, se mandaron instalar dos arboles de navidad que median aproximadamente 2 metros de alto, esto para que todos llevaron sus regalos y el 25 de diciembre fueran abiertos ahi, de cenar se prepararon distintos tipos de comida como, pavos, tamales, menudo, asado, mole, postres de muchismo tipo, asi como pasteles, champurrado, atole, cafe, refrescos y hieleras llenas de cerveza, botellas de vino, y champagne.

Todo estaba espectacular para recibir a más de 70 invitados que asistieron a la cena de nochebuena.

Todos mis familiares comenzaron a llegar poco después de las ocho de la noche, la casa se comenzaba a llenar de muchas personas, poco después de una o dos horas ya estaban todos los invitados en mi rancho, recuerdo que yo estaba en la mesa del comedor principal con mi abuela pidiendo tamales, después de cenar me fui a jugar un rato con algunas de mis primas, mientras esperábamos que fueran la medianoche para poder abrir los regalos, mi madre estaba muy ocupada siendo el centro de atención en la cena de nochebuena, obviamente ella era la que estaba pagando toda la fiesta por lo que tenía que estar platicando con todos, olvidándose de mí y centrada en los demás, como siempre. Creo que en toda la noche solo pude ver a mi madre dos o tres veces, cuando ella pasaba de la sala a la cocina y yo estaba ahí con los demás niños jugando. Después de la medianoche, ya que todos nos habíamos dado el abrazo de navidad, mi madre y todos sus primos se fueron de la cena, pues mi madre había planeado irse de antro con todos sus primos y sus amigos, mi madre me dio todos mis regalos, entre ellos un carro de control remoto, un trailer, un tractor de juguete versión escala y un play station 2 y después de eso procedió a dejarme e irse para disfrutar su noche de antro.

Recuerdo que ni siquiera me dio el abrazo de navidad ni me dijo un te amo hijo, así como todos los padres de mis primos lo estuvieron haciendo con ellos, yo era el niño que había recibido más y los mejores regalos de navidad, pero hubiera cambiado todo eso por un simple abrazo de ella.

Pero como siempre el universo es bueno y recibí el abrazo enorme y lleno de amor de mi abuela Yolanda y mi abuelo Juan, que después de abrir mis regalos me llevaron a dormir y mi abuela me dio mi besito en la frente de buenas noches.

Esa noche yo no lo sabía pero era la última navidad con mi madre, la navidad en la que menos vi a Lizeth, sería la última navidad antes de que mi vida cambiará para siempre.

Capítulo 4 Cáncer.

El secuestro.

Era un 5 de julio del año 2010, mi madre salió del rancho de mis abuelos para ir a recoger el dinero de la venta de su negocio, tomó su camioneta favorita y tomó rumbo a su destino. aproximadamente había pasado 1 hora de que

mi madre se había ido, cuando de pronto veo que la camioneta en la que ella se fue, llegó a la casa, pero no venía mi madre en ella, si no quien traía la camioneta era mi tia rocio hermana de mi madre, yo estaba en el patio de la casa jugando con unos carritos cuando aproximadamente después de cinco minutos de que mi tia rocio había llegado, veo que mi abuela yolanda comenzó a llorar y gritar de una manera muy fea y esto se debia ah que mi tia habia llegado a decirle a mi abuela que habian secuestrado a mi madre, de verdad nunca olvidaré la expresión de mi abuela yolanda, una expresión llena de una tristeza profunda, yo realmente no entendía qué estaba pasando, pues aun era solamente un niño de diez años de edad, poco después de ver a mi abuela en un llanto profundo, mi abuelo juan salió de la casa y me metió, me dijo que no podía salir, que tenía estrictamente prohibido salir de la casa, ni siquiera al patio, yo no entendía que estaba pasando y porque todos me estaban protegiendo demasiado, parecía que tuvieran miedo de que algo me pasara. Después de un rato mi abuela yolanda se me acercó y me dijo que tenía que decirme algo acerca de mi madre, recuerdo claramente que me dijo lo siguiente,
tu mami no va venir, se la llevaron unos señores malos y no sabemos dónde la tienen, pero la vamos a encontrar y pronto va estar aquí con nosotros, así que ahora te tenemos que cuidar mucho a ti, quiero que no te salgas de la casa para nada hijo, no puedes ir a ningún lugar del rancho solito porque los hombres que se llevaron a tu mami pueden venir tambien por ti, prometeme que no vas a salirte de la casa, a lo que yo le dije que sí, que le

prometía no salirse para nada, realmente yo no entendía qué estaba pasando y estaba muy confundido, además aún era muy pequeño para entender la gravedad del asunto que mi familia estaba viviendo.

Al día siguiente por la mañana, me despierto voy a la cocina y veo a mis abuelos sentados en la mesa del comedor principal, junto con mi tia rocio y otros hijos de mi abuela yolanda, todos con un rostro lleno de tristeza y desesperación, me acerque a mi abuela y le dije que si ya podía salir a jugar a el patio, a lo que ella me dijo que no, que no podía salir para nada aun. pasaron cinco días y mis abuelos aún esperaban la llamada donde estuvieran pidiendo el rescate de mi madre, pero esta nunca llegó.

Pasando 25 días del secuestro de mi madre, llegando asi el dia de mi cumpleaños número diez, claramente mis abuelos no estaban de humor para celebrar un cumpleaños, pero aun asi me hicieron un pequeño detalle, por la mañana mi abuelo fue a la ciudad por un pastel de chocolate para mi y comerlo en el rancho, ya que a mi no me sacaban de la casa por miedo a que también me secuestraran.

En ese cumpleaños, partimos mi pastel y recuerdo que el rostro de mis abuelos era muy triste pues aunque se esforzaban por hacerme pasar un cumpleaños feliz, ellos estaban muy tristes por no saber nada de mi madre.

El primer mes del secuestro.

El 5 de agosto del 2010 se cumplía un mes de que mi madre había sido secuestrada, esos días de verdad que fueron muy largos y muy difíciles para mis abuelos y toda mi familia, pero la verdadera tormenta apenas estaba por venir.

El día nueve de agosto del mismo año, mis abuelos reciben una llamada por parte de fiscalía del estado, en dicha llamada les comentan que encontraron el cadáver de una mujer con las características similares a las de mi madre y necesitaban que fueran dos familiares directos para identificar el cadáver.

Después de colgar dicha llamada, mi tia Rocio y una hermana de mi abuela yolanda se ofrecen para identificar el cadáver, ya que no querían que mi abuela sufriera el proceso de ver el probable cadáver de mi madre, lleno de golpes y ya en proceso de putrefacción, mis abuelos aceptan y mis tías proceden a ir a identificar el cadáver a el lugar que fiscalía había indicado.

Ese mismo dia, por la tarde veo llegar a mis tías, con una mirada llena de tristeza y proceden a informarles a mis abuelos que el cuerpo que fueron a identificar si era el de mi madre lizeth, mi abuela comenzó a llorar y gritar desesperadamente, mientras mi abuelo se guardaba sus lágrimas para aparentar ser fuerte. Mis tías comentaron que el cadáver ya estaba casi irreconocible, pero que habían logrado reconocerlo gracias a la cejas que eran como las de mi madre, a sus dientes, sus labios y un lunar.

Mi familia comenzó a dar la noticia a los demás miembros de la familia y amigos para que estuvieran listos para el funeral. A mi la noticia me la dio mi abuelo Juan, yo estaba en mi habitación cuando de pronto él entra y me abraza y me dice, mijo te acuerdas que a tu mami se la habían llevado unos señores malos, a lo que yo dije que si, que si ya había regresado, por lo que mi abuelo me dice los siguiente, yo y tu abuela yolanda te hemos criado como nuestro hijo desde bebe y tu madre lizeth ha sido como una hermana para ti verdad hijo, preguntó mi abuelo, por lo que yo respondí que sí, que mi madre era mi abuela yolanda y mi padre el, entonces mi abuelo se acerca y me dice, bueno ahora tu mami Lizeth te va a estar cuidando desde el cielo, ella se tuvo que ir para alla porque tiene que cuidarte desde alla, pero ella te dejó encargado con nosotros que somos tus padres.

Recuerdo que nunca en mi vida había visto llorar a mi abuelo Juan, hasta ese momento en el cual diciéndome esas palabras, se le caian las lagrimas de sus ojos por si solas, realmente yo no entendía mucho que pasaba, si comprendía que mi madre había muerto, pero no sabía lo que era un secuestro.

Al siguiente dia de identificar el cadáver, se realizó el funeral de mi madre Lizeth, en el cual hubo pocos asistentes, tanto pocos familiares, como pocos amigos, esto debido a que muchos familiares y amigos no fueron a el funeral de mi madre, ya que comentaban que tenían miedo de relacionarse con mi familia y que no querían relacionarse por miedo a que los asesinaran o los secuestraran así como a mi madre.

El funeral fue corto por el estado de descomposición del cadáver, por lo que todo el proceso paso muy rápido y cuando menos pensamos, habíamos pasado del secuestro a ya estar enterrado el cuerpo de mi difunta madre.

Si les soy sincero, en ese momento era muy pequeño, no sabia ni tenia idea de la gravedad de los problemas, yo no me sentía triste porque no sabía lo que era y significaba realmente la muerte, pero más adelante y aun sin la edad adecuada para enfrentar algún tipo de cosas, mi vida comienza a tener muchos retos, derivados de las consecuencias del secuestro de mi madre.

Mi vida estaba comenzando a ponerse oscura, yo comenzaba a razonar un poco más sobre la situación y no me gustaba ver a mis abuelos tan tristes, pero esto no era nada y apenas sería el comienzo de todas las constelaciones de mi vida que se aproximan.

Mi vida después del secuestro.

Pasando unos días después del funeral de mi madre, todo podría parecer que al fin la tormenta estaba terminando, pero era todo lo contrario, la peor tormenta apenas estaba por iniciar.

Pasaron dos semanas desde el funeral de mi madre y la tristeza se podía respirar en el ambiente de mi casa. Mis abuelos comenzaron a vender los autos y camionetas de mi madre y alugo otros bienes materiales que eran de ella, esto porque todo era comprado con el dinero de los negocios sucios de mi madre y mis abuelos no querían tener nada que viniera de eso, quédense solamente con las camionetas de mi abuelo y el rancho que era una herencia de la familia de mi abuelo que traía de generación en generación.

Los cambios no terminaron ahí, ya que después del funeral de mi madre, yo no tenía permitido salir del rancho, ni siquiera para ir a hacer el super con mis abuelos, a mi se me mantenía en el rancho por temor a que también me secuestraran por ser hijo de Lizeth.

Siendo ya mitad en el mes de agosto del mismo año, se acercaba el regreso a clases en donde yo tendría que cursar el quinto año de primaria, por lo que mis abuelos comenzaban a estresarse demasiado en tomar la decisión de mi regreso a la escuela, el miedo que ellos tenían a que yo también fuera secuestrado fue tan grande que finalmente tomaron la decisión de qué 5to año de primaria lo tomaría en casa, todas mis clases serian en mi casa para evitarme salir del rancho. Todo para mi era muy raro pues me preguntaba porque no iba a regresar a la escuela y comenzaba a mostrar un poco de rebeldía con mis abuelos pues yo no quería estudiar en casa, lo que quería era estar en la escuela normal con mis amigos, fue así como mis abuelos comenzaron a explicarme que era por mi bien, por mi seguridad y que si todo iba bien el próximo año podría ir a la escuela y fue así como empecé a comprender que mi vida ya no era normal, que todo estaba cambiando y que había muchos temas que no podía entender aún, pero que me tendria que ir adaptando poco a poco.

Comenzaron mis clases en casa, tomaba mis clases toda la mañana y después de hacer mi tarea, podía salir un ratito al patio de la casa, sin alejarme más lejos y a los establos de los animales solo podía ir si me acompañaba mi abuelo Juan.

 Poco a poco y apesar de mi corta edad pude comenzar a ver como mi vida estaba cambiando, los primeros cuatro meses después del secuestro ya casi nadie nos visitaba pues muchos familiares y amigos se comenzaron a alejar de mi familia ya que comentaban que si tienen relación con nosotros tal vez también los podían secuestrar o matar.

Siguieron pasando los meses y mi vida seguía prácticamente igual, mis clases en casa, yo seguía sin salir del rancho, llevando ya más de 9 meses sin salir del rancho, por el miedo o seguridad como mis abuelos decían.

Pasando ya casi 11 meses del secuestro de mi madre, y estando por terminar mi ciclo escolar de mis clases en casa, mis abuelos empezaron a tratar de volver a comenzar a darme una vida normal, en junio del año 2011, fue la primera vez que pude salir del rancho, recuerdo perfectamente que acompañe a mi abuelo a comprar el super de la semana, lo recuerdo bien por que era la primera vez que salía, después de un año de estar completamente aislado.

Entonces parecía que mi vida volvería a ser normal.

Regreso a clases.

Se había cumplido un año de la muerte de mi madre, mis abuelos ya me comenzaban a sacar un poco más a la ciudad, pero aun con mucho mucho cuidado.

Ya había terminado de cursar mi año de escuela en casa y estaba muy feliz porque mis abuelos me habían dicho que sexto año de primaria ya lo iba a cursar en la escuela presencial, pues era mi último año de la escuela primaria.

Yo estaba muy feliz por regresar a la escuela y poder volver a ver a mis amigos y mis maestros, pero lo que yo no sabía es que en mi regreso a la escuela ya nada sería como antes.

Primer día de clases.

Estaba realmente muy emocionado por al fin después de tanto tiempo poder regresar a la escuela, ese dia me desperte super temprano, me meti a bañar, me puse mi uniforme y comencé a acomodar mis cuadernos, colores y todas mis cosas en mi mochila nueva que me habían comprado mis abuelos, realmente me emocionaba demasiado poder volver a estar en contacto con más personas.

Mi hora de entrada era a las ocho de la mañana y recuerdo como desde las 7 siete con treinta minutos yo estaba ya listo en la camioneta presionando a mi abuelo para que ya me llevara, al momento en que mi abuelo llega a la camioneta me dice que tiene que platicar conmigo antes de llevarme a la escuela. por lo que mi abuelo comienza a explicarme que había una probabilidad de que personas malas quisieran hacerme daño, así como se lo habían hecho a mi madre, por lo que ellos ya me dejarían ir a la escuela pero con una condición, la cual era que a mi escuela me iba a acompañar ya fuera algunos días él y algunos otros días un escolta de seguridad que se quedaría a cuidarme todo el dia afuera de la escuela hasta que yo saliera y me regresaran a el rancho. para mi edad realmente solo podía pensar que tal vez mis abuelos estaban exagerando un poco, pero otra parte de mi por muy pequeño que fuera, comprendía que el miedo era muy grande a lo que yo le respondí a mis abuelo que estaba bien que yo entendía si me tenían que ir a cuidar. Después de esa corta pero importante platica, mi abuelo Juan me llevó a la escuela para mi primer día de clases.

Llegando a la escuela, antes de bajarme de la camioneta mi abuelo me dio dinero para gastar y me dijo que ese día él se quedaría a cuidarme, que cualquier cosa el estaria ahi afuera de la escuela, yo solo dije que muy bien y que si ya me podía bajar, me baje y entre a la escuela. todos mis maestros me saludaron con mucho gusto y yo también estaba muy feliz de volver a ver a mis maestros, ya que siempre había sido el niño típico que era super estudioso y se hacía amigos de los maestros, todo iba super bien en aquel primer dia de clases hasta que se llegó la hora del receso, fui a comprar a la tienda dela escuela y después de comprar, fui a donde estaban mis compañeros que eran con los que me juntaba antes de tomar el año escolar en casa, al momento de llegar y sentarme en la banqueta junto con todo los demás, una de mis compañeras de nombre lupita, me dice, no te puedes sentar aquí con nosotros, porque me dijo mi mama que tu eras hijo de la narcotraficante y que si nos juntabamos contigo nos podían secuestrar o matar a si como mataron a tu mama, asi vete de aquí no queremos ser tus amigos, claramente como ella lo dijo eran palabras de su madre, yque ellos como niños solo repetian, sin saber el impacto que podrian llegar a tener, en ese momento cuando me dijeron eso, yo no entendia cual era significado de la palabra narcotraficante, lo unico que podia entender era que nadie se queria juntar conmigo, puedo recordar que ese dia que yo estaba tan feliz por regresar a la escuela, comenzo a ponerse muy triste para mi, yo me fui a comer mis papitas y mi jugo de mango hasta atras de el ultimo salon de clases de la escuela, me sentia muy mal, tenia muchas preguntas pero sobretodo sentia que habia algo mal en mi y por eso nadie queria ser mi amigo, terminando la hora del receso, cotinuaron las clases hasta que se llego la hora de salida, mi abuelo juan entro por mi y nos fuimos directo a la camioneta, en camino a el rancho me pregunto que porque me habia estado solito en la hora del receso, ya que me había visto desde dónde me estaba cuidando el y yo le dije que era porque mis amigos me habían dicho que no querían juntarse conmigo por ser hijo de la narcotraficante y en seguida le dije, que significa es palabra papa juan, porque me dicen eso, mejor ya no quiero venir a la escuela, mi abuelo se quedó callado 1 minuto, me imagino que no sabia que decir para poder hacerme sentir mejor, a lo que me dice, esa palabra hijo significa que eres una persona que hace cosas malas, tu madre no era mala, pero ella tomó decisiones muy malas, pero tu no tienes la culpa de nada y no eres malo y si ya no quieres venir a la escuela ya no te traigo, tu no tienes porque estar triste por nada, eres un niño muy bueno, ver a mi abuelo tan frustrado por una situacion que estaba fuera de sus manos, creo que saco de mi fuerza apesar de mi corta edad, y procedi a decirle, no te preocupes papa juan, no importa si no se quieren juntar conmigo, yo puedo comer solito y ademas casi ni me gusta jugar, asi que si seguire viniendo a la escuela. Mi abuelo obviamente captó que yo estaba mintiendo para que él se sintiera mejor, pero creo que por mi bien y para que yo aprendiera a enfrentar lo que venía a mi vida, él solo me dijo, muy bien hijo.

Esa fue una de mis primeras lecciones de vida, el fingir querer ir a la escuela, aunque en realidad yo nunca quería ir porque se sentía muy feo no tener amigos y siempre estar solo, en mi hora del receso me iba a los baños y recuerdo a veces llorar por ser el único niño que nadie se queria juntar con el, pero aun así todos los días enfrentaba a esos demonios que me hacían ya no querer ir.

Así continúa casi hasta medio año escolar, que las personas que conocían a mi familia empezaron a dejar de hablar bastante del tema de mi madre, por lo que algunos de mis compañeros ya se juntaban conmigo, pero realmente yo había estado tan triste por todo el tiempo que siempre estuve solo, que ya casi no me gustaba que nadie se juntar conmigo y prefería comer solo en alguna parte de la escuela, además de que también algunos niños siempre me preguntaban que porque siempre estaba un escolta o mi abuelo cuidándome y realmente a mi no me gustaba explicar el motivo, entonces prefería estar solo para evitar compartir temas de mi vida, pero imagen, yo ya pasaba por este tipo de cosas y solo tenía 11 años y parecería que hablo de la vida un chico de 16.

Mi padre biológico.

Estaba por terminar el sexto año de primaria, mi vida seguía igual, de mi rancho a la escuela y obviamente alguien iba y me cuidaba, todo estaba dentro de lo normal. un dia por la mañana, llega un abogado a el rancho, lo recibe mi abuela y le entrega un sobre con un documento, que para sorpresa de mis abuelos, era una demanda de mi padre jorge, donde exigía la guardia y custodia total mia, si después de años sin verlo mi padre había vuelto a aparecer en mi vida, bueno realmente estaba alejado de mí porque cuando mi madre vivía ella no permitía que se me acercara para nada.

Mis abuelos se pusieron bastante estresados pues sabían que mi padre tenía todas las de ganar, respeto a mi custodia ya que él era mi padre biológico y mi madre había muerto. Mis abuelos tenían desde que yo nací sin dirigirle palabra a mi padre, pero por la situación, mi abuela fue coherente y decide citarse con mi padre para llegar a algún acuerdo sobre mi, después de esa reunión mi padre tomó una actitud realmente muy realista y acepto que si me llevara a vivir con él no sería lo mejor para mi, ya que a quien yo veía como a mis padres era a mis abuelos Juan y Yolanda, por lo que mi padre gana mi custodia total pero me sigue dejando vivir en el rancho con mis abuelos, solo con la condición de que tres veces por semana mi abuela tendría que dejarme ir a con mi padre para visitarlo y pasar tiempo con el.

Las visitas a casa de mi padre realmente yo no las disfrutaba mucho, yo no lo veía como mi padre y de echo hasta me molestaba tener que pasar tiempo con él, no lo odiaba, pero simplemente yo estaba pasando por muchos cambios en mi vida y tener uno más me afectaba demasiado. llegando mi graduación de la primaria, yo decidí no invitar a mi padre a pesar de que ya convivimos, esto gracias a que mi padre se empeñaba en querer mantener y forzar una relación de padre e hijo que claramente no existía, para mi el simplemente era como un amigo a el cual respetaba.

Los años de la etapa de mi niñez, fueron los que más cambios tuvieron, sin duda alguna el universo me puso algunas constelaciones de mi vida bastante difíciles y oscuras, pero al final y siendo solo un niño, logre enfrentar todos esos demonios que trataban de derribarme, pero aun faltan muchas cosas más aun quedan un par de constelaciones para contar.

Capítulo 5 Leo.

Prisión.

Cuando mi vida y la de mis abuelos se comenzaba a poner normal, una nueva constelación llena de oscuridad estaría llegando.

Era el mes de septiembre del año 2011, mis abuelos, mi tia rocio, que era la hermana de mi madre, el hijo de rocío y yo, estábamos por la mañana desayunando en el comedor principal de la casa en el rancho, todo estaba muy tranquilo, la plática era algo super normal, cuando de pronto los perros del rancho comenzaron a ladrar demasiado y eso era señal de que alguien había llegado a el rancho, mi abuela Yolanda salió al patio de la casa para checar quien había llegado cuando de pronto ve a dos patrullas de la policía estacionadas frente a la casa, dos oficiales bajaron de una camioneta, se acercaron a mi abuela y le dijeron que buscaban a la señøra Rocio Torres Vargas, mi abuela bastante confundida les dijo que era su hija, que cual era el motivo por el cual la buscaban, los oficiales le dijero a mi abuela yolanda que la buscaban por que tenian una orden de aprehensión por el delito de asesinato, los oficiales entraron a la casa identificaron a mi tia Rocio y la detuvieron, mi abuela Yolanda comenzo a llorar y mi abuelo solo le decia a mi tia que estuviera tranquila que todo estaria bien y llamaría a el abogado de la familia, mientras los oficiales se llevaban a mi tia, su hijo Kiril que solo tenia siete años, comenzo a llorar demasiado por lo que recuerdo que yo lo abraze y lo detuve, porque queria salir corriendo detras de su madre.

Mis abuelos comenzaron a llamar al abogado y después de contactarlo, mi abuelo se fue a la ciudad a donde se llevaron a mi tía para tratar de sacar la de prisión. mientras mi abuela Yolanda, mi primo y yo, nos quedamos en el rancho. poco despues de unas horas mi abuelo juan llama a mi abuela para decirle que no habia nada que hacer, que una hora mi tia seria trasladada a el penal de alta seguridad de la ciudad de chihuahua, por el delito de asesinato a una mujer en el año 2010. recuerdo perfectamente que mi abuela solo se quedo en silencio durante unos minutos, y aunque no decía ninguna palabra, su cara podía expresarlo todo, claramente eran malas noticias, después de unos minutos colgó a la llamada con mi abuelo y yo le pregunte que pasa, si mi tía estaba bien, por lo que mi abuela me dijo la situación y que ya no podíamos hacer nada, que la única esperanza sería el juicio en donde existía la posibilidad de poder sacar libre ami tia rocio o en donde probablemente sería sentenciada a muchos años de prisión.
Mi tía Rocio actualmente en el año 2023, se encuentra pagando su condena de 50 años de prisión.

Yo tenía solamente 11 años de edad, pero por las situaciones de mi vida yo era un niño demasiado maduro, sabía la gravedad del asunto, pero sobretodo sabía que nuevamente una nueva lección llena de sufrimiento estaba llegando a mi familia, una la cual venía derivada de los negocios de mi madre Lizeth, ya que a mi tía se le acusaba de haber asesinado a una mujer que trabajaba en los negocios sucios de mi madre, ese dia que vi a mi abuelita sufrir tanto ahora con su segunda hija, nació en mí ese pequeño sentimiento de odio, rencor y resentimiento hacia mi madre lizeth, ya que en mi mente todo estaba claro, por decisiones de mi madre, mis abuelos y yo estábamos viviendo o mejor dicho sufriendo las consecuencias de las decisiones de una mujer egoísta que solo pensó en su maldito beneficio para demostrarse así misma que ella era la mejor y que no necesitaba de nadie, las decisiones de una mujer que no tenía carencias económicas para buscar la manera de ganar dinero sucio, de las decisiones de una mujer que no pensó en que tenía un pequeño hijo al cual le dejaría un futuro lleno de muchas lecciones que ese niño no merecía pasar. tal vez para muchos de ustedes yo sea malo por odiar a la mujer que me dio la vida, pero creo que un lazo de sangre no justifica el daño que una persona te puede provocar, asi sea tu padre, tu madre o cualquier persona, si te hace daño nunca te sientas mal, no tienes que perdonar a nadie que te haya echo daño, puedes sanar y seguir tu vida sin perdonar.

Mudanza del rancho.

Unos meses después, en enero del año 2012, mis abuelos tomaron la decisión de mudarnos del rancho, la verdad para mi era algo sorprendente ya que mi abuelo amaba su rancho, además era una herencia de familia y el rancho tenía casi un siglo en la familia de mi abuelo Juan. pero después del suceso de mi tia rocio realmente para mis abuelos el rancho solo tenía malos recuerdos y era momento de dejar el rancho.

Mi abuelo Juan compró una casa en una colonia que quedaba cerca del rancho, pues él seguiría yendo al rancho por unos meses más, ya que vender todos los animales y cosas del rancho tardaría un poco de tiempo.

La casa que compró mi abuelo era linda pero claramente no era ni la mitad del tamaño de mi casa del rancho, nuestra nueva casa en la colonia, tenía 5 habitaciones, sala, comedor, cocina y un recibidor, la mudanza fue muy rápida ya que la colonia estaba cerca del rancho

. la verdad recuerdo que a pesar de todo lo que había pasado en el rancho, dejar de vivir ahí era un cambio enorme, el vender todos los animales, mi avestruz y dejar el lugar en el cual nací, era un cambio enorme, ahora si para mi fue difícil, imaginen para mi abuelo.

Después de algunos meses de mudarnos, mi abuelo abrió una tienda de abarrotes en la colonia, pues el dinero que todo lo que se vendió del rancho, no sería eterno y a pesar de que el era empleado pensionado, a mi abuelo no le gustaba no hacer nada y siempre le gustaba sentirse útil. a la tienda le comenzó a ir bastante bien y nuestra vida en la colonia comenzaba a ser muy tranquila, finalmente mi abuelo, mi abuela, mi primo Kiril y yo podíamos sentir un poco de tranquilidad, luego de años de bastantes caos dentro de nuestra familia.

La secundaria.

Mi época en la secundaria realmente no es una parte que me agrade tanto recordar, pero les contare un poco de esos 3 años.

Al momento de entrar a la secundaria, mis abuelos tomaron la decisión de quitarme la vigilancia que yo tenía en la escuela primaria, poco a poco el tema del secuestro se fue quedando en el pasado y mis abuelos ya tenían un poco menos de miedo de que a mí me fuera a pasar algo. mi primer año de secundaria realmente creo que fue el más difícil, ya que yo siempre fui un niño bastante tímido, lleno de bastantes inseguridades y que además hacer un amigo me costaba bastante, los primeros 3 meses de la secundaria no tenía amigos, en el receso me sentaba yo solo a comer mi lonch y la hora de regresar a casa era un pequeño tormento ya que en el autobús de la escuela siempre me hacían bullying, ya fuera meterme el pie, jalarme la mochila o decirme algun apodo en ofensa que yo parecía ser gay, ya que no me gustaba jugar fútbol y a las pocas personas que les llegaba a hablar siempre eran a mis compañeras mujeres. y así los primeros seis meses estuve sin hacer amigos, porque además de tímido, en el fondo yo tenía miedo de intentar hacer amigos y que me llegaran a decir cosas como en la primaria referente a que no quisieran ser mis amigos por miedo a que los maten o ese tipo de comentarios, hasta que un de mis compañeras de nombre jocelyn, comenzó a saludarme, recuerdo que ella se sentaba en la esquina de atrás de el salon de clases y yo en la esquina de enfrente y un dia de la nada ella comenzó a saludarme desde su butaca me gritaba, hola chavalito y yo le decía hola con la mano.

Así durante casi una semana solo nos saludabamos de esa manera hasta que ella en la hora de receso me invitó a juntarme con ella y sus demás amigas y fue así como nació mi amistad con joceline, siempre voy a agradecer como a pesar de yo no mostrar interés en ser su amigo, por los miedo que yo tenia, ella fue la que nunca dejo de decirme hola chavalito hasta lograr formar una amistad conmigo. con el tiempo nos comenzamos a hacer muy amigos, todos los días comprados juntos en la tienda de la secu y ahora ya siempre tenia con quien juntarme en la hora del receso, además jocy me mostró por primera vez en mi vida lo que era la amistad, comenzó a invitarme a su casa para hacer tarea juntos o simplemente pasar un rato de amigos juntos, nuestra amistad comenzó a evolucionar mucho, tanto que nos convertimos en mejores amigos y apesar de conocer mi historia, ella vio en mí a ese niño que tenía varias heridas y que una amistad podría ayudarle a llevar un poquito mejor su vida en la secundaria. y así durante primero y segundo de secundaria mi vida se comenzó a poner un poco normal, yo comenzaba a llevar una vida un poco más normal, entre la secundaria, mi terapia con la psicóloga por el tema de mi madre, y mi vida intentando convivir con mi padre, realmente comencé a sanar varias heridas de mi infancia.

finalmente, las constelaciones oscuras de mi vida se comenzaban a cerrar...

Capítulo 6 Virgo.

Pasaron poco más de 2 años y mi vida viviendo en la ciudad era bastante normal, yo ya estaba curando el tercer año de secundaria, había sido dado de alta de terapia y mi vida estaba tomando sentido nuevamente.

Realmente hacer amigos a mi se me dificulta bastante, mi única amiga siempre fue joceline, mi mejor amiga, pero de ahi en mas, yo no tenia mas amigos. por lo que durante algunos meses les insistí a mis abuelos que si adoptamos un perrito, hasta que después de varios intentos, mi abuelo me dejó adoptar un pequeño perrito chihuahua.

El perrito que adopte lo llame chapito, era muy tierno, muy muy pequeño, de color cafe con una mancha blanca en su cabecita, era mi primer mascota y yo no sabia que se convertiria en mi mejor amigo. Poco a poco fue creciendo y se convirtió en un perrito muy chiple, él nunca salía para fuera de la casa, su comida favorita era comer las croquetas más caras, realmente era un perro muy consentido. Mis abuelos también comenzaron a quererlo mucho, le comenzaron a comprar ropita, zapatos y sombreros, en su primer año de vida le hicimos una pequeña fiesta de cumpleaños, con pastel, pizza y sus croquetas favoritas.

Les cuento acerca de él en este libro, porque fue el ser vivo que más amor me brindo en una época que yo no me sentía muy bien conmigo mismo, en una época en la cual, llegar de la secundaria y ver a mi perrito en la casa era la parte más feliz de mi dia a dia.

Chapito duró 10 años de vida con nosotros, no podría explicarles el amor que toda mi familia y yo le teníamos a ese perro, nos dio 10 años de momentos muy felices, hasta que llegó el día en que su alma se tuvo que ir de este plano. Chapito murió de vejez, no sufrió absolutamente nada y sin duda alguna se llevó un pedacito de mi corazón con él, desde su muerte no volvió a tener otra mascota. Y se que algún día, en otra dimensión volveré a ver a ese perrito que me hizo tan feliz.

Adolescencia.

Para mi abuelo Juan yo nunca fui su nieto, él desde que yo era un pequeño bebe me comenzó a ver y criar como su hijo, como lo he contado a lo largo del libro, mis padres siempre fueron mis abuelos maternos.

Mi abuelo Juan, además de mi tia Rocio y mi madre Lizeth, tenía otros dos hijos hombres, de nombre Juan y José, para ellos yo siempre fui un niño mal criado, un niño chiple, sus comentarios siempre hacia a mi estaban llenos de celos y envidia, pero sus comentarios siempre eran tan frecuentes que puedo recordar cómo a veces que yo estaba a solas en mi habitación y recordaba todo eso que ellos decían de mí, yo llegaba a sentir que era cierto, que yo era un inutil, que no servia para nada y llegue a pensar que ni siquiera tenía sentido que yo hubiera nacido, a veces las palabras pueden ser muy fuertes, puedo recordar como ellos siempre decían que era un inutil bueno para nada, que mis abuelos me lo daban todo a la mano, se molestaban porque todo lo que yo quería siempre me lo compraban, claramente siempre sentían envidia de que mi abuelo juan me defendiera de sus comentarios y que incluso en una ocasión en que juan el hijo de mi abuelo, me dijo que yo era un inutil arrimado, mi abuelo le llegó a decir que no volviera a visitar la casa hasta que aprendiera a respetarme a mi y asi múltiples veces mi abuelo juan llegó a pelear con sus propios hijo para defenderme a mi.

Realmente yo de pequeño siempre quise mucho a ellos dos, los veía y lo respetaba mucho como mis tios, pero con el paso del tiempo que fui creciendo y ellos comenzaron a decirme siempre muchas cosas, haciéndome sentir mal, cuando realmente yo no tenía la culpa de que mis abuelos me dieran todo con facilidad, esas eran decisiones de mis abuelos y no mías, por lo que poco a poco les fui perdiendo el cariño a mis tíos. y conforme iba creciendo yo también comenzaba a deferme y pelear con ellos cada que me decian inutil y que yo no llegaría ser nada, yo comencé a perderles todo el respeto que les tenía, ya que lo mantuvo por mucho tiempo por el típico pensamiento de, son mi familia y tengo que perdonarlos, pero aprendí y abrí los ojos y nunca debemos de soportar ni perdonar a nadie solo por el simple hecho de que sea tu familia, si alguien te hace daño te insulta y no te respeta, tu tampoco le debes el mínimo respeto, asi sea tu familia, no tienes que perdonar a nadie por un lazo de sangre.

Aprendí que la familia a veces puede dañarte demasiado y alejarse de ellos no es egoísta, no te hace una mala persona, al contrario, sanar es la decisión más madura que puedes tomar.

Graduación Secundaria.

Los años pasaron bastante rápido, mi graduación de la secundaria estaba cerca, por lo que ya estaba apunto de cumplir 15 años.

La temporada en la secundaria fue bastante normal y mucho menos mala que la temporada de la primaria. aunque en secundaria mis abuelos ya habían perdido bastante miedo de que me fuera a pasar algo acerca del tema de mi madre, pues no dejaban de cuidarme por completo, mi abuela Yolanda todas la mañanas me llevaba a tomar el camión de la escuela que pasaba por mi rancho ya que mis abuelos habían arreglado con el director de la secundaria pagar una cantidad de dinero semanal, para que el camión pasara por mi hasta el rancho.

Pero aun así mi abuela Yolanda todas las mañanas me acompañaba hasta la entrada del rancho para supervisar que yo tomara el camión.

En ese entonces yo no veía el gran sacrificio que mi abuela hacía por mi, pero ahora puedo recordar el como cada mañana ella me acompañaba, no importaba si estuviera haciendo mucho frio o mucho calor, ella siempre estaba ahí. agradezco demasiado que siempre me cuido con mi si fuera mi madre, ella siempre trato de ser la madre que Lizeth nunca supo ser.

Gracias abuela, por ser la madre que aquel pequeño niño siempre necesito, gracias por cuidarme siempre más que a ti misma, gracias por enseñarme todos los valores que hoy forman a el gran hombre en que me convertí, siempre te voy a llevar en mi corazón.

Continuando con la secundaria, fue realmente entre un sube y baja de emociones, yo era un chico muy antisocial y se me dificulta bastante el hacer amigos y aunque ya no recibía los comentarios que recibía en la primaria, realmente la secundaria fue aún una epoca dificil, la cual tengo pocas buenas que salvar, una de ellas mi amistad con mi mejor amiga Jocelyn.

Ademas en la epoca de la secundaria comence a explorar sentimiento y situaciones que no entendia mucho en mi, pues comence a darme cuenta que me gustaban los chicos, algo que por ser criado en una familia bastante machista, pues lo matuve oculto, yaque tenia mucho miedo de como iban a reaccionar mis abuelos al saber que yo era gay, de echo en la secundaria tuve una novia, para tratar de que la gente que se comenzaba a dar cuenta de mis preferencias sexuales, creyera que yo era heterosexual.

Puedo decirles que mi adolescencia fue también una época de mi vida bastante difícil y aunque tenía apoyo de terapia por el tema de mi madre, pues yo tenia aun muchos otros temas que aprender a enfrentar, como lo era el enfrentar mis preferencias sexuales y pensar en cómo algun dia de mi vida decirles a mis abuelos que me gustaban los chicos.

Pero para contarles como le confesé a mis abuelos que yo era gay aún faltan un par de capítulos más de este libro.

Regreso al rancho.

Nuestra mudanza a la ciudad había resultado bastante favorable, ya que dejar en rancho por algunos años, para mi fue lo mejor, pues pude dejar bastantes malos recuerdos que tenia ahi. pero por otra parte y aunque mi abuelo había puesto una tienda abarrotes en la ciudad para tener ingresos, pues realmente él no era feliz, él siempre fue un señor de rancho y él amaba el rancho demasiado, fue el lugar en el cual nació y se crió por lo tanto la vida de ancho para mi abuelo era la mejor.

Poco después de mi graduacion, mis abuelos Juan y Yolanda, tomaron la decisión de regresar a vivir a el rancho, ya que mi abuelo no está totalmente agusto en la ciudad, además desde la muerte de mi madre lizeth, mi abuelo Juan había enfermado demasiado, de neuropatia diabetica y aunque él no lo decia, tambien habia enfermado emocionalmente por la muerte de mi madre, la tristeza tan profunda se podía ver en sus ojos.

Realmente yo no estaba de acuerdo en volver a el rancho, la vida en la ciudad a mi me gustaba bastante pero si regresar a vivir ahí hacía que mi abuelo estuviera un poco mejor pues estaba dispuesto a volver.

Ver a mi abuelo enfermar de tristeza cada vez mas y mas, es una constelación de mi vida que fue muy difícil, el para mi era mi padre, el hombre que me crió y que siempre hizo lo mejor para que yo creciera con todo lo mejor. El odio que tengo hacia a mi madre en gran parte es por eso, porque ver a el hombre que era como mi padre por culpa de las decisiones de una mujer egoísta como lo fue mi madre, realmente espero que este pagando el peor karma que se merece, en donde quiera que ella esté, espero que también haya sufrido todo lo que ella ocasionó.

Perdón si para algunos soy malo por desear todo esto para mi madre, pero ella me hizo el daño suficiente para olvidar cualquier lazo de sangre que exista entre ella y yo.

Capítulo 7 Libra.

Regresar a vivir a el rancho puso realmente bastante feliz a mi abuelo Juan, el volvió a comprar animales para criar en el rancho, cerdos, vacas, gallinas etc.

Qunque a mi no me gustaba tanto vivir ahi, la verdad si amaba mucho a los animales, las gallinas eran mi animal favorito y desde que regresamos a el rancho yo me dedique a cuidar las gallinas, me encargaba de darles de comer y cuidarlas en general. de hecho a algunas gallinas les llegue a poner nombre y me encariñaba bastante con ellas. en ese regreso a el rancho en el cual yo ya no era un niño, si no un adolecsente de 15 años, aprendí bastantes cosas del rancho que no sabía hacer tales como, alimentar a los animales, regar árboles, aprendí un poco sobre cómo se siembran distintos tipos de cosechas y sus cuidados en general, la verdad no me gustaba mucho hacer nada de eso pero ya no teníamos el mismo nivel de vida que teníamos antes de irnos de el rancho a la ciudad, la enfermedad de mi abuelo representar bastantes gastos y la tienda que teníamos en la ciudad, no daba demasiadas ganancias, y el rancho había estado bastantes años solo, por lo que costaría volver a levantarlo.

Todos pusimos bastante de nuestra parte al regresar a el rancho, tanto mi abuela, mi primo Kiril y yo, trabajamos en cosas del rancho para no tener que contratar empleados y perder ganancias en sueldos. yo aprendí bastante de cómo llevar el rancho pero la realidad es que era algo que a mi no me gustaba.

El rancho no era un lugar que me hiciera feliz, tenía bastantes recuerdos no tan agradables y aunque mi infancia había sido ahí,para mi no significaba mucho. Desde los catorce años yo comencé a tener los pensamientos de que quería ser de adulto y puedo recordar como siempre yo le decía a mis abuelos que de grande yo estaría viviendo en la capital, que seria un chico que se vestiría muy a la moda y que mi vida seria muy independiente y todo lo que quisiera siempre lo lograra yo solo, para mis abuelos escuchar esto era realmente una tontería que yo decía ya que yo era un adolecesente acostumbrado a que todo se lo hicieron, yo no sabía cocinar y estaba impuesto a que todo se me facilitara en la palma de mano, sin el más mínimo esfuerzo, así que nadie creía que yo fuera a ser exitoso a temprana edad, y en esos nadie también estaba yo incluido.

Muchas veces yo mismo me llegue a preguntar como obtendría la vida que según yo iba a tener después de los 20 años, como dejaría de ser un inutil que no sabía hacer absolutamente nada, como dejaría de depender de mis abuelos cuando toda mi vida se me había criado de una manera tan incorrecta al darme todo lo que siempre quise, realmente para mi era algo que tal vez nunca iba suceder. pero el universo y la manifestación siempre tienen otros planes.

Mi Padre.

Poco antes de cumplir los 16 años de edad, cuando estaba en la rebelde etapa de la adolescencia y además influenciado por las historias que mi madre había dejado en mí, sobre mi padre hizo que la poca relación que tenía con él llegará a su fin.

Desde muy pequeño mi madre se encargó de intentar meter en mí un sentimiento de odio hacia mi padre, así como ella lo tenía. mi madre siempre estuvo cegada por el odio y nunca supo separar sus problemas personales que tenía con mi padre, siempre intentó que yo estuviera metido en ellos y fomentar en mí odio, rencor y desprecio hacia mi padre.

Una de las tantas historias que mi madre había contado sobre cómo mi supuestamente mi padre había sido el peor hombre con ella y por lo tanto yo debía odiarlo, fue la siguiente.

Mi madre siempre me contó que ella y mi padre había trabajado bastante para comprar la casa en donde vivían, siempre me trato de dejar en claro que mi padre la había robado y varias veces me contó él como la noche en que tuvo la última pelea con mi padre, él decidió sacarla de la casa a la calle, ya era de noche y la saco descalza y solamente con ropa de pijama, sin permitirle llevarse absolutamente nada de sus pertenencias. por lo que ese suceso fue el que marcó el final de su matrimonio y el nacimiento del enorme odio de mi madre hacia mi padre.

yo crecí con esa historia desde muy pequeño hasta mi adolescencia en la cual mi abuela seguía corroborando esa historia, por lo cual y aunque para mi madre había sido una mujer algo egoísta por sus decisiones, la realidad era que yo aun as la amaba, ella al final de cuentas era la mujer que me había dado la vida y que aunque yo sabía que tomó malas deciones, no dejaba de ser mi madre y me dolía saber que mi padre la había hecho sufrir y aunque yo no sabía si la historia era realmente así, yo había crecido solo con la versión de mi madre, por lo cual en mi adolescencia estando confundido fue asi como decidi alejarme de mi padre, ya no lo quise visitar y termine todo tipo de acercamiento con él, algo que unos años después me llevaría a un sentimiento de arrepentimiento pues al fin conocería los dos lados de la moneda.

Pero para contarles esa constelación de mi vida, aún faltan un par de capítulos más.

Astrología.

En capítulos anteriores de este libro le he podido contar varias constelaciones de mi vida bastante oscuras, constelaciones que me han hecho sufrir, llorar, pero a la vez aprender.

Ahora les quiero hablar de algo que cambió mi vida por completo, algo que me enseñó a tomar siempre el lado de bueno de todas las situaciones malas o kármicas que pudieran suceder, una ciencia que me enseñó a poder lograr todo lo que quiero, pero tambien el como cuidar mi energía, mis acciones y expandir mi mente a muchas cosas que van más allá de la conciencia de muchos que no las pueden comprender.

Fue a mis 16 años de edad, cuando comencé a descubrir el tema de la astrología realmente era un tema que ya conocía de años atrás, pues mi abuela paterna era bruja de magia blanca y venía de ancestros brujos, pero el no convivir mucho con mi familia pequeña me hacía realmente desconocer sobre el tema. Creo que realmente llegar a creer en la astrología era algo que estab en mi sangre y había llegado el momento de descubrirlo, desde años atrás en mi adolescencia la verdad nunca me gusto ir a la iglesia, mi abuela materna yolanda siempre fue demasiado catolica y me inculcó serlo a mi, pero la verdad la religion catolica nunca me gusto, pienso que es una religión llena de hipocresía, manipulación y aunque no quiero profundizar demasiado en ese tema, por que realmente siento que no vale la pena hablar sobre la religion, lo unico que podria decir que la iglesia católica desde hace siglos se ha encargado de ridiculizar a la astrología, por un único motivo, la astrología abre tu mente y la iglesia necesita de creyentes con la mente cerrada para su manipulación. Pero como les dije, este no será un tema para hablar en mi libro.

La Astrología en mi vida.

Como ya les dije, todo comienza a mis 16 años, mi entrada al mundo de la astrología fue por los más de sencillo, los signos zodiacales, comencé a aprender bastante sobre las características de cada signo del zodiaco, tanto que a los pocos meses con solo ver a una persona podía adivinar su signo. poco después de aprender bastante sobre los signos zodiacales, comencé a profundizar un poco más en el tema y aprendí a sacar e interpretar una carta astral por completo, desde los ascendentes, luna, las casas, los nodos etc, en casi medio año de comenzar a conocer el tema de la astrología, mi mente se había abierto demasiado, comencé a comprender muchísimas cosas que antes las veía de una manera completamente distinta.

En medio año investigando sobre los signos zodiacales y la carta astral, ya la dominaba por completo y comencé a implementar muchas cosas en mi vida en base a mi carta astral, algo que me ayudó bastante, pues pude comprender cosas de mi que antes no comprendía, así mismo comencé a expandir bastante mi mente y fue así como acepto mi sexualidad, antes de la astrología, recuerdo tener pensamientos de vergüenza a mi mismo por ser gay, ademas de eso lo ocultaba ya que me aterraba la idea de como mis abuelos podrían tomar una noticia así, pero esa constelación de mi vida la hablaremos un poco más adelante.

Sin duda alguna la astrología había llegado a mi vida para cambiarla, tanto que luego de estudiar bastante sobre los signos zodiacales, carta astral y todos los temas de astrología básica, pues finalmente comencé a trabajar con la energía y manifestaciones, empecé a aprender el como todo en este universo es energía, nosotros mismos somos energía y elevando nuestra vibración podemos tener todo lo que queramos, el secreto está en creerlo al cien porciento. comencé a usar bastante la manifestación en mi vida, en realidad no tenía una idea de lo poderosa que puede ser la manifestación y el cómo con solo palabras puedes decreta una vida completa.

Estoy bastante seguro que muchas personas que no creen en la manifestación, después de leer mi libro no les quedará duda que la manifestación es muy real y poderosa.

Preparatoria.

Comenzar la preparatoria significaban demasiadas cosas, por un lado era una nueva etapa de mi vida en la la cual ya estaba creciendo y por otro lado era bastante especial pues ya había sido dado de alta de terapia, había logrado trabajar el resentimiento que tenia hacia mi madre y la perdone, comencé a visitar su tumba mas seguido para llevarle flores y platicar con ella un poco, aprendi a vivir con la muerte de mi madre y llevarla de una manera normal, aunque por un lado había un parte de mi que estaba yendo de tristeza por la ausencia que mi madre había dejado, nunca me rendí y gracias a tener a mis abuelos, esos momentos tristes en los que yo deseaba haber nacido con una vida normal, un padre y una madre responsables afectivamente que me amaran. solo eso deseaba, pero el pasado no se puede cambiar, asi que aprendi que tenia que seguir mi vida. las tormentas oscuras por las que pase de niño ya estaban en el pasado y ahora mi vida comenzaba a ser normal.

Primer día de clases.

Nunca podré olvidar mi primer dia de clases, estaba bastante nervioso pues era un chico bastante antisocial, sólo tenía un amiga, que era mi mejor amiga Jocelyn desde la secundaria, por lo que entrar a la preparatoria me daba algo de miedo, no sabía como iba a hacer nuevos amigos y ademas tenia miedo de perderme en la ciudad pues la preparatoria estaba a 30 minutos de mi rancho y yo nunca había ido solo a la ciudad.

En el primer dia mi mejor amiga y yo llegamos juntos a la prepa, ella rápidamente se hizo amiga de varias personas de nuestro salon de clases, yo por el contrario me sente hasta la parte de atras en al esquina ya que no sabia como intentar hacer amigos, en verdad era bastante timido y ademas otra cosa era ocultar ser gay, yo aun no salia del closet por temor a que mis abuelos me echaran de la casa, asi que me tocab fingir ser heterosexual.

Terminando ese primer día de clases, mi mejor amiga y yo nos fuimos juntos de regreso a casa, platicamos un poco de cómo nos fue y al final nos despedimos.

Pasando unas semanas, mi mejor amiga ya había hecho bastantes nuevos amigos y yo me juntaba aun con ella y además con las amigas que ella había hecho, aunque realmente yo casi no hablaba mucho con las demás, siempre estaba bastante callado.

Pasando dos meses, poco a poco fui soltando bastante y comencé a socializar un poco más, me comencé a hacer amigo de varias niñas del salón y mantuve un círculo social pequeño, de entre cuatro o cinco personas. Una de ellas de nombre galy comenzó a llevarse bastante conmigo, ella me ayudó a crear mi primera cuenta de facebook pues yo era ajeno a las redes sociales, hice mi perfil y comencé a subir mis selfies.

Algo que nunca creí que pasaría fue que mi cuenta de facebook me llevaría a tener el amyor impulso social de toda mi vida, realmente el Aruky tímido de esa época no imaginaría todo lo que llegaría pasar en su vida.

Capítulo 8. Escorpio

Facebook.

Una red social que le daría un giro muy grande a mi vida, si facebook fue un antes y un después en mi vida en la prepa. Les contaré un poco de esta constelación.

Poco después de abrir mi cuenta, comencé a postear lo que todo mundo posteaba en aquellos años, las selfies y memes.

Yo posteaba dos o tres selfies por semana, recuerdo que las primeras semanas en que abrí mi cuenta, mis publicaciones tenían entre 50 o 90 likes, algo que era normal. los likes en el 2016 en facebook importaban demasiado, las personas con muchos likes eran llamadas populares, era realmente una sensación ser popular en facebook y obviamente que sí lo eras en la red social, en la preparatoria lo eras por igual.

Poco después de 3 meses, de pronto comencé a tener demasiadas solicitudes en mi perfil de facebook, mis selfies comenzaron a tener 300 o hasta 600 likes por foto, era una locura, de la nada me había convertido en uno de los más populares de la ciudad, después de esto muchos chicos y chicas en la prepa comenzaron a hablarme, obviamente solo porque me había vuelto bastante conocido en la ciudad y todo gracias a facebook. pero se preguntaran cómo pasaste de tener 100 amigos en facebook y 40 likes en tus selfies, a tener 5000 amigos y mas de 10k de solicitudes amistad, pues no tengo una respuesta para eso, todo comenzó a suceder muy rápido, mis amigas me decían que era porque siempre he sido bastante lindo de la cara y normalmente la gente popular en facebook era chicos y chicas guapos o guapas, pero bueno en realidad nunca supe por que me volví tan conocido.

El volverme una persona popular en esa red social, fue algo que me ayudo bastante para dejar de ser tan timido y antisocial, recibir la atención de tantas personas fue algo que me ayudó a descubrir el valor tan alto que yo tenía, así como subirme el autoestima y pasar a ser una persona completamente seguro de sí mismo. Además soy de signo leo, con signo luna en leo y signo ascendente en libra, claramente los leo somos personas que amamos recibir atención y sobre todo ser el centro de atencion, asi que mi leo interno estaba completamente feliz de pasar de estar en la oscuridad a brillar como el sol que representa a los leo.

Pero dejando de lado el ego que te puede crear el volverte popular, conocido, famoso o como le gusten llamar, de cualquier forma que sea me lleva a la misma conclusión, en aquel entonces descubrí mi autoestima, me volvi super social, gracias a todo lo de la red social y llegué a creer que para sentirte importante tenias que ser conocido por muchas personas.

Basar mi autoestima y mi seguridad para socializar, en base a mi popularidad en una red social fue algo verdaderamente idota, la seguridad está en ti mismo y no necesitas de nadie para sentir cuánto vales. Agradezco a el universo que de esa forma me haya vuelto un chico extrovertido y seguro de sí mismo, pero igual agradezco que el mismo universo con el paso de los años me demostrara que con o sin likes, yo era una persona que valía mucho, que yo era un chico guapo para muchas personas, que mi autoestima se tenía que mantener por mi valor como persona y no por una red social.

Usen sus redes sociales para bien, pero nunca se definan por un número de seguidores.

Mudanza.

Vivir en el rancho era algo bastante lindo y aunque no era el lugar de mi sueños para vivir, seguíamos ahí porque mi abuelo Juan amaba su rancho y era un lugar que lo hacía muy feliz. Pero en el año 2017 mi abuelo tuvo un infarto del cual gracias a el universo pudo recuperarse, aun así su corazón ya quedaría bastante débil y comenzó a tener bastantes citas médicas, las cuales era complicado estar llevándolo ya que vivir en el rancho nos complicaba estar yendo a la ciudad hasta 4 o 5 veces a la semana, yo estaba en la preparatoria y para mi abuela era bastante complicado y sobretodo cansado el estar haciendo tantas vueltas con mi abuelo a la ciudad.

Aunque mi abuelo se había repuesto bastante de su corazón, por indicaciones médicas ya no podía hacer cosas que le demandan mucho esfuerzo, por lo que mi abuela yolanda, mi primo kiril y yo comenzamos a manejar y trabajar muchas cosas del rancho, pero claramente nosotros no teníamos la capacidad y todo el aprendizaje que mi abuelo tenía y que era lo que hacía que el rancho siempre tuviera los mejores resultados. Así que nuestro mal manejo del rancho nos llevó a estar en bancarrota, comenzamos a vender animales del rancho, hasta que ya no quedaba ninguno, así como maquinaria, entre muchas cosas. todo esto porque mantener el rancho estaba resultando difícil y nos comenzó a quitar más dinero del que generaba. A pesar de yo tener solo 17 años, y siendo solo un adolescente tuve que aprender a tomar decisiones importantes con mi abuela, por lo que luego de ver la situación en la que nos encontrábamos, decidimos comprar una casa en la ciudad, en saucillo, chihuahua, e irnos a vivir para alla, asi todas las citas de mi abuelo serían más fáciles y con la pensión y ahorros que nos quedarán podríamos estar tranquilos algunos años, además en esa ciudad vivía toda la familia de mi abuela Yolanda y asi sus hermanas estaban más al pendiente de visitar a mi abuela y ayudarle con las citas de mi abuelo Juan.

Esta mudanza fue una constelación que representa muchos cambios en mi vida, ademas que convencer a mi abuelo para que aceptara fue lo más complicado, por otra parte estaba dejar mi casa enorme en el rancho en donde me había criado, ya que la casa a la que nos mudamos era bastante más pequeña, solo tenia 3 habitaciones, un baño, cocina y una pequeña sala así como un patio también bastante pequeño, el estar acostumbrado a cierto de estándar de vida y pasar a otro es un poco más complicado de lo que se podrían imaginar, pero nada en esta vida pasa sin ningún motivo, el que mi vida cambiaria es parte fundamental para llevarme a donde estoy actualmente.

La mudanza fue muy sencilla, nos llevamos pocos muebles y la mayoría se quedaron en la casa del rancho, se terminaron de vender los animales que nos quedaban, y solo nos llevamos a mi perrito chapito y así estábamos listo para comenzar una nueva vida en la ciudad.

Rey Estudiantil.

Esta constelación de mi vida es muy especial, podría decir que fue la etapa en la que deje de ser un chico introvertido, para pasar a ser el chico más extrovertido de la preparatoria.

Ya cursaba el segundo semestre de preparatoria y había logrado hacer algunos amigos, gracias a mi popularidad en facebook, aunque era popular en redes sociales, realmente yo aún seguía siendo un chico bastante introvertido, pero eso sería por poco tiempo ya que vendría una constelación de mi vida, que me haría sacar todo ese brillo que un chico del signo leo puede llegar a tener. Se acercaba el festejo de el dia del estudiante y por lo tanto la preparatoria buscaría a los candidatos a rey y reina de estudiantes, por lo que cada grupo debería de sacar a sus candidatos, para elegir a el candidato y la candidata a reyes estudiantiles, en cada grupo se hace una votación y cada alumno nominaba a quien quisieran que fueran sus candidatos, en mi salon al momento de elegir a la candidata fue super rapido, eligieron a una compañera que era muy linda y bastante popular en la ciudad, su nombre era belem y en el momento de elegir al candidato, todos comenzaron a decir que yo, algunas personas decían que yo porque era uno de los más guapos, que estaba carita y cosas así, realmente nunca pensé ser yo el candidato a rey, pero al final el grupo decidió y yo quede elegido.

El proceso para ganar la candidatura a rey y reina estudiantil constaba de varias etapas, la primera era la etapa de likes en facebook, todos los candidatos enviamos una foto juntos y sería publicada en la página oficial de la escuela, cada like, sería equivalente a un voto.
la segunda etapa era la recolección de fichas de plástico, 1 ficha era igual a 1 voto.
y la tercera y última etapa sería dinero en efectivo, aquí los candidatos podríamos dar el dinero que juntaramos y un peso sería igual a un voto.

Belém y yo comenzamos a compartir mucho nuestra fotografía y logramos llegar a mil trescientos likes, siendo los más likeados de esa categoría, yo de verdad quería ganar, había nacido en mí un espíritu de competencia irreal y ser rey de la escuela era un objetivo. mis abuelos juan y yolanda me apoyaron bastante, recuerdo que en la categoría de fichas de plástico, los 3 salimos en las tardes a recolectar fichas y además a esto mi abuelo iba a lugares donde recolectaban las botellas de plástico y compraba para mi las fichas, siendo así que en mancuerna con belem, juntos entregamos diecinueve mil doscientas treinta y ocho fichas de plástico, realmente era una locura y estaba muy por encima de lo que los otros candidatos habían entregado, por lo que desde días antes de la coronación de reyes estudiantiles, en la preparatoria ya todos comentaban que belem y yo seríamos los ganadores. se llega el esperado día de la coronación, la cual sería por la noche, mi abuela yolanda un dia antes me había comprado un traje de galas super bonito, a la coronación me acompañara ella, una tía y una prima, mi abuelo no podía ir, él era un señor hecho a la escuela antigua y no le gustaban esa clase de eventos, pero aun así siempre conté con su apoyo. Esa noche Belem y yo fuimos los ganadores.

Este evento fue bastante importante para mi, ya que finalmente deje aquellos miedos de ser el chico introvertido, comencé a ser una persona más social, comencé a hacer muchos amigos, comencé a sacar todo ese brillo que estaba dentro de mi, ese brillo que estaba escondido debajo de el miedo de volver a ser el niño con el que nadie se queria juntar porque habían matado a su madre, vencer ese miedo será una constelación que queda en mis memorias por siempre.

Mi padre biológico.

Conforme pasaba el tiempo mi mente iba tomando la madurez que llega conforme crecemos.

A mis 17 años comencé a darme cuenta de muchas cosas que antes no tenía tan claras, una de ellas fue la relación con mi padre jorge, realmente la relación que yo tenía con él siempre había sido bastante mala yo tenía en mente que era por su culpa, por no conocernos desde que yo era un bebe. Pero el problema iba más allá de eso y realmente me di cuenta que la relación con mi padre estaba muy dañada porque ademas de el distanciamiento que siempre hubo entre ambos, yo había crecido con un cierto tipo de rencor hacia mi padre, pues mi madre siempre me había metido ideas en la mente, que el era malo, que la había tratado mal, que la había humillado muchas veces y un sinfín de cosas más que tanto mi abuela Yolanda y mi madre Lizeth siempre fomentaron en mí.

Cuando eres niño es muy fácil que puedan sembrar en ti la idea de que alguno de tus padre es malo y realmente no lo es, ya que los problemas de pareja que tus padre pudieron llegar a tener no tienen nada que ver contigo, sus problemas fueron entre ellos y como su hijo no tienes que odiar o tener mala relación con tu padre por los problemas que él tuvo con tu madre, la mayoría de las madres piensan que si ella odia a tu padre por sus problemas, tu como su hijo también debes odiarlo, pero ese es el error más grande que una madre puede cometer, negarle a su hijo la relación con su padre solo por el odio que ella puede tenerle, realmente es una acción de una persona muy egoísta.

Lamentablemente cuando somos pequeños, nuestra mente es muy fácil de influenciar o manipular, en mi caso yo crecí así, mi madre siempre intento meter ideas malas sobre mi padre en mí, además de quitarme el derecho de convivir con él desde su divorcio. Yo tenía un padre que intentó mantener una relación conmigo, pero lamentablemente mi madre destruyo esa oportunidad, a veces pienso en constelaciones alternas de mi vida y me imagino como sería de bonita mi relacion con mi padre, si mi madre hubiera permitido que yo convivieron con él desde pequeño, lamentablemente el pasado ya no se puede cambiar.

Para poder ser consciente de todo esto, tuve que esperar a crecer y comenzar a expandir mi mente, aprender a dejar a un lado el odio que mi madre había sembrado en mi hacia mi padre, fue una lección bastante difícil, por mucho tiempo odié a un hombre el cual nunca tuvo culpa de nada, odiaba a el hombre que había intentando ser mi padre de muchas maneras, pero mi madre fue esa muralla que no le permitió llegar a mi.

Supongo que algún día mi padre leerá este libro y quiero dejar un mensaje para él, quiero dejar esas palabras que salen de mi corazón y son tan difíciles que no se pueden hablar, pero si se pueden plasmar en este libro.

Perdón por todos esos años que pensé que eras un mal padre, fue muy tarde cuando me di cuenta que la verdadera villana era ella, perdón por que fue demasiado tarde, demasiados años perdidos para poder crear nuestro vínculo de padre e hijo. Gracias por intentar luchar todos eso años contra mi madre para que te permitiera estar a mi lado.

Quiero que sepas que te Amo infinitamente, mi niño interior, aquel que te odiaba, ya te ha perdonado.

Una nueva lección.

Creo firmemente que algunas veces el universo pondrá bastantes lecciones en tu vida para poder llevarte a un nivel de aprendizaje bastante superior y aunque a veces las lecciones pueden ser bastante dolorosas, son realmente necesarias.

A mis 17 años mi vida ya era bastante normal y las constelaciones que el universo me había puesto como lecciones, me habían llevado a ser un chico bastante maduro y fuerte, la herida en mi alma por la muerte y el secuestro de mi madre finalmente estaba cerradas, había aprendido a comprender que esa era una lección en mi vida.

Mis abuelos siempre fueron mis padres, yo comenzaba a crecer y sabía que en algún punto de mi vida, ellos dejarían este plano y su alma tendría que trascender. Vivir la muerte de mi madre siendo tan pequeño me había dado la fortaleza para poder comprender que perder un ser querido es una lección que nos va a marcar para siempre y que no tenemos que ver la muerte de nuestros seres amados como algo malo, puedes vivir el dolor de perder a alguien, pero no debes de dejar tu vida caer nunca.

Octubre 2017

Desde la muerte de mi madre, mi abuelo Juan nunca volvió a ser el mismo, él era un hombre bastante fuerte, pero el perder a su hija menor de una manera tan dolorosa, destruyó por completo a aquel hombre tan fuerte y firme.

Mi abuelo comenzó a enfermar del corazón desde la muerte de mi madre, conforme los años pasaron el comenzaba estar más enfermo, pero aun así siempre se mantenía firme, creo que él siempre intentaba estar mejor para mi, para poder llenarme de amor por perder a mi madre tan pequeña.

Creo que a veces minimizamos lo fuertes que las emociones podrían ser, muchas personas piensan que los problemas emocionales no pueden llegar a dañar a tu físico pero la realidad es que si. Mi abuelo Juan siempre guardó toda esta tristeza de que le asesinaran a su hija, una tristeza que acumulaba año tras año, hasta que pasaron 7 años y su corazón ya no pudo más.

Un viernes 26 de octubre del 2017, salí de casa para dirigirse a la prepa, me despedí de mi abuelo y de mi abuela Yolanda, como normalmente lo hacía todas las mañanas.

Mi día en la prepa estaba bastante normal, además mi vida ya era algo bastante normal, ya no iba a terapia y todo en mi vida estaba al fin muy bonito, hasta ese día que una nueva lección llegaría. Poco antes de salir de la prepa, recibo una llamada de mi abuela, algo que me pareció raro pues nunca me llamaba cuando yo estaba en la prepa. tomó la llamada y comiendo a escuchar la voz de mi abuela con un tono de desesperación, angustia y llanto, comienzo a preguntar qué estaba pasando y después de un minuto de silencio, aquel minuto que parecieron horas en suspenso, escucho a mi abuela decir, Mijo a tu papá juan le dio un infarto, ya no está con nosotros, tienes que venirte ya para la casa mijo, escuchar esas palabras fue algo que mi mente no quería procesar, mi niño interior no quería volver a vivir en aquel mundo de tristeza por perder a alguien tan especial, porque perder a mi abuelo fue perder a mi padre, el fue el hombre que me crió desde pequeño, estaba perdiendo a aquel señor que daba la vida por mi, se habia ido mi viejo.

Después de esa llamada, regresé a mi casa, abracé a mi abuela y comencé a ser fuerte, esta vez ya no era aquel niño de 10 años que estaba perdiendo a su madre, esta vez me tocó ser fuerte para mi abuela Yolanda. A mis 17 años yo me hice cargo de todos los preparativos del funeral de mi abuelo, para evitarle más dolor a mi abuela.

La muerte de mi abuelo me dolio infinitamente, pero pude descubrir que me había convertido en alguien bastante fuerte, me dolio mucho saber que el ya no estaria a mi lado, pero descubri que tambien estaba feliz, por que mi abuelo cargaba con su tristeza profunda por la muerte de mi madre y finalmente él había podido dejar esa tristeza al morir. La muerte de su cuerpo físico era la liberación para su alma y ese fue el consuelo más grande que pude encontrar.

A el siempre le contaba todos mis sueños más locos, recuerdo perfectamente como le contaba que cuando yo tuviera 20 años, yo viviría en la Chihuahua capital, que seria un hombre muy exitoso y tendría una vida muy independiente y su respuesta a todos esos sueños que escuchaba de su pequeño aruky siempre era la misma, me decía que estaba bien loco pero que él sabía que yo llegaría hasta donde quisiera y que cuando él y mi abuela ya no estuvieran conmigo en un futuro por sus muertes, que nunca me detuviera, que yo solito tenía que aprender a brillar y que él y mi abuela siempre me iban a cuidar desde el cielo.

Hasta el cielo.

Gracias abuelo por todo lo que me diste y enseñaste en la vida, me haria muy feliz que estuvieras aquí para que pudiera ver hasta donde he llegado, tu chamaquito cumplio todo eso sueños locos que te decía. Este libro va dedicado para ti hasta el cielo mi viejo.

Espero que estes muy orgulloso de mi.

Capítulo 9 Sagitario.

Mi primera relación amorosa.

A lo largo de mi vida he enfrentado bastantes constelaciones difíciles, pero ahora estaría llegando una nueva a mi vida, el amor.

Estaba por cumplir los 18 años y algo que había guardado durante toda mi vida, finalmente tenía que salir de mi.

A mis casi 18 años nunca había tenido novia y claramente había un motivo para esto, era algo que yo ya sabía desde hace muchos años, lo descubrí y por temor a esos prejuicios que existen en nuestra sociedad, decidí callar lo que en verdad yo era. Si, si su imaginación es buena pues están en lo correcto, soy gay.

El saber que me gustaban los hombres fue algo que tuve que ocultar ya que el miedo a que mis abuelos me iban a rechazar por lo que yo era, pudo más ese miedo que elegir ser feliz fuera de un closet. Aunque me había dado cuenta que me gustaban los chicos, yo nunca salí con nadie hasta mis 17 años, donde por internet conoci a un chico que sería ese primer amor de la adolescencia, si ese amor inocente en el cual pensamos que será para toda la vida o que si algun dia termina nos vamos a morir. A si que les contare un poco de la primera vez que me enamoré.

Mi primera relación.

Yo no salía mucho a fiestas, no era el típico adolescente que vivía en esos mundos, pues para mi edad era alguien muy maduro y que no le interesaba mucho estar de fiesta con personas que ni siquiera conocía, por lo que mi primer relación se dio gracias a las redes sociales.

Conocí a ese chico en facebook y comenzamos a hablar bastante por mensajes, el era de la misma ciudad que yo, no teníamos muchos en común pues hasta en nuestros gustos más pequeños eran bastantes las diferencias, pero yo siempre he pensando que tener gustos similares con tu pareja no es un requisito primordial para que funcione. Un poco después de dos meses hablando por mensaje con ese chico, se llego el dia en que el me dijo que me quería conocer en persona y comenzar a salir, que yo le gustaba demasiado, yo tenía bastante nervioso y miedo pues aun estaba en el closet y no quería que nadie supiera que yo era gay, y salir con aquel chico me hacia correr el riesgo de exponerme pero aun asi decidi arriesgarme pues era un chico muy lindo conmigo y me gustaba bastante. Nuestra primera salida fue algo muy normal, quedamos de vernos en un restaurante y cenar juntos y así poder platicar, creo que desde esa primera cita hubo bastante química entre los dos y eso nos llevaría estar juntos un poco más de tiempo.

Las semanas comenzaron a pasar y el chico y yo seguiamos hablando y saliendo cada vez más, realmente la pasábamos bastante bien y comenzaba a ser muy feliz con él, luego comenzaron surgir los detalles, el chico me comenzaba a dedicar canciones, me comenzaba a enamorarme o al menos eso creía yo. Luego de tres meses el chico me pidió ser su novio y claramente yo acepté super feliz, pero como todo amor adoelsecente que en realidad no es amor, los problemas comenzaron a surgir. Poco después de 8 meses de ser novios, una tarde llega a mi facebook una solicitud de mensaje, la cual contenía capturas y fotos de como el chico que era mi novio, estaba saliendo con otros dos chicos mas, recuerdo que no respondí nada a esa persona que me envió las pruebas, solo me puse a llorar y a preguntar porque mi chico me estaba haciendo esto, llore demasiado pues me sentía bastante triste y traicionado, después de pensar en la situación decidí terminar a mi chico y en el momento en que lo hice él negó toda situación, juro que era algo falso y que nunca haria algo asi, estuve a punto de perdonarlo porque me sentía bastante triste y pensaba que siempre estaria asi, pero en ese momento recordé un poco de todas las lecciones que la vida me había puesto desde la muerte de mi madre y ahí me di cuenta que si había podido salir adelante después de sobrevivir al pasado, entonces dejar ir un amor no sería algo por lo que me iba morir realmente y así fue como saque la fuerza para dejar a ese chico que claramente no me amaba.

Siempre que estén pasando por algo malo, por algo que los haga sentir tristes o sentir que se mueren, cierren sus ojos y ponganse a pensar un poco en su pasado y vean todas las cosas que han superado en su vida, todas las cosas que los hizo sentir que se iba a morir de tristeza y que al final los volvió más fuertes, nunca se queden en un lugar por el miedo a morir de tristeza, es mejor morir de tristeza, que tener a tu alma muerta en vida.

Kenia Os.

En mi proceso de sanar después de terminar mi primer relacion amorosa, llegue a pasar por muchas emociones, dejar ir a tu primer amor a veces no es tan fácil y en mi caso tuve que estar con ayuda psicológica nuevamente, comencé a vivir un episodio de depresión demasiado fuerte, comencé a dejar de comer, llegaba a casa y no tenía ganas de hacer nada, en cada mañana de un nuevo dia solo despertaba con ganas de que mi dia ya terminara y pudiera volver a dormir para poder evadir mis sentimientos, odiaba ir a mis clases y no quería establecer conversaciones con nadie, nada me hacía tener un momento feliz en mi dia a dia.

Pero dentro de esa tormenta gris, había una sola cosa que realmente me sacaba una sonrisa, la cual era ver videos en youtube de mi youtuber favorita, Kenia os, yo la seguía desde el año 2015, puedo recordar el como en aquel momento de mi vida en el cual nada me hacía sentir bien, lo unico que me sacaba una sonrisa era ver videos de ella, no se porque pero siempre fue una chica que me transmite una energía muy linda por medio de sus videos, ademas que había lanzado su primer canción y realmente su musica me hace conectar con muchísimos sentimientos.

Ella se convirtió en mi artista favorita, actualmente es una cantante muy famosa en todo el mundo y eso es algo que admiro demasiado de ella, que a pesar de las peores situaciones siempre logra salir adelante, siempre nos demuestra a su fans que si la vida te tumba 10 veces, pues 10 veces te tienes que levantar, sin duda alguna Kenia os es una de mis mayores inspiraciones en la vida.

Si ella llega a leer algun dia este libro, quiero que sepas que eres una mujer que admiro demasiado, eres mi ave fenix, mi ejemplo a seguir.

Estuve contigo desde, por siempre y por siempre te voy a admirar.

Con cariño, Un kenini.

Confección.

Después de terminar mi primera relación, tenía claro que no quería volver a tener una relación en secreto y había llegado el momento de enfrentar uno de los miedos más grandes de mi vida y confesarle a mi abuela Yolanda que yo era gay.

Era algo que probablemente sonaba bastante fácil, pero claramente no lo era, no existe algún manual que nos dé las instrucciones para salir del closet con nuestra familia, no existe un manual que te diga como es la manera correcta de hacerlo para que la gente que amas no te vaya a rechazar solo porque no estas dentro de lo que la sociedad ve como normal.

Creo que enfrentar ese gran miedo fue algo que me marcaría para siempre, pues inconsciente todo el tiempo yo había ocultado ser gay porque mi familia era bastante homofóbica y el tener una persona homozescual en su familia yo se que seria algo que les daría vergüenza y por lo tanto yo decidí callar lo que era, para poder hacer feliz a las personas que amaba, pero no me haba dado cuenta que estaba sacrificando mi felicidad.

Nunca sacrifican su felicidad por nadie, su familia ya vivió su vida y nadie merece ser infeliz para satisfacer a los demás.

Mi confesión fue bastante dolorosa, esto es algo que actualmente aun me duele bastante, que aunque ya sané esta herida, es algo que me dolerá para siempre.

Pero les contare esta constelación que mi vida cambió...

Una tarde muy común, estaba en mi habitación recostado en la cama pensando en cómo podía acercarme a mi abuela y decirle mi verdad, en mi cabeza la situación creaba mil escenarios, entre ellos la mayoría eran malos, pero aun asi tome la fuerza necesaria para salir de mi habitación y finalmente dejar salir esa verdad. Mi abuela estaba en la cocina preparando la cena, cuando me acerco y le digo que necesito habar con ella, di un suspiro profundo, de esos que dicen todas las palabras que no puedes sacar hablando, procedí a sentarme y dije, abuela tengo algo muy importante que decirte, mi abuela solo volteo, me vio y me dijo, te escucho mijo que pasa, en ese momento sentía como mi corazón estaba latiendo demasiado fuerte, sentía mis manos demasiado frías de los nervios y tenía bastante miedo de que mi abuela me llegara a correr de la casa después de decirle que me gustaban los chicos, una parte de mi no quería hacerlo pues intuía que probablemente confesar mi orientación sexual, provocaría perder el cariño de mi abuela, pero hubo algo dentro de mi que decidió tomar el riesgo, decidió salir del closet y aunque llegara a perder el amor de la que para mi era como mi madre, era momento de elegir mi propia felicidad y no importaba si tenía que perder a personas que mi vida.

Pasaron dos minutos de eterno silencio de mi parte, cuando mi abuela repitió la pregunta y me dijo, que pasa mijo, dime, en mi cara comenzaron a derramar lágrimas, acompañadas de un silencio del cual no podia salir, queria gritarle lo que en verdad era, pero no podía, cuando de pronto y en un momento de fuerza interna a mi alma, le dije, abue quiero decirte algo, me gustan los hombres, no me gustan las mujeres, perdon por no ser lo que tu esperabas, ya no quiero ocultar más tiempo lo que en verdad soy, lo siento si te estoy decepcionando. Mi abuela se quedó en completo silencio por un momento y después dijo, tu eres mi hijo, te amo mucho, pero no puedo creer que me salgas con esto, solo te dire una cosa, yo te amo a ti, pero nunca aceptare a nadie que llegues a amar, puede quedarte en la casa pero a tus futuras parejas nunca las vas a traer aquí, esta casa se respeta y no quiero que nadie vaya a verte con otro hombre aquí en mi casa. Yo no pude responder mucho, solo le dije que esta bien y me fui a mi habitacion, olo podia pensar en las palabras que mi abuela habia dicho, en como claramente para ella habia sido una decepcion, pero lo que mas me dolia era como me habi condicionado su amor, mira que decir amarme a mi, pero condicinoarme a nunca llevar a mi pareja a casa, por que a ella le daba verguenza, joder a veces el amor entre familia tampoco es sano.

Poco después de unas semanas de salir del closet, comenzaba a tener claras muchas cosas, la primera fue que descubrí que mi abuela claramente me amaba mucho, pero que no era sano estar aceptando a medias, descubrí que no tenia porque estar en un lugar en cual no me aceptaban por completo y que aunque yo estuviera inmensamente agradecido con mi abuela por cuidarme desde pequeño y convertirse en una madre para mi, pues eso no era una razón suficiente para tolerar quedarme en un lugar en el cual mis preferencias sexuales eran algo que daba verguenza, ahi en ese momento aprendí que un lazo familiar no te une a alguien para siempre, que a veces estar lejos de las personas que amas es lo mas sano para ambos, la felicidad individual es solo tuya y si dejar lazos familiares y alejarte un poco de alguien de tu familia te llevará a ser feliz, entonces hazlo, no eres egoista por eso, la sociedad nos ha hecho creer que por un lazo familiar debes perdonar todo, pero no, no tienes que perdonar a nadie que te haga daño.

La experiencia

Salir del closet cambió mi vida más de lo que esperaba, fue una lección que me faltaba vivir para finalmente comenzar mi viaje en esta vida. La experiencia con mi abuela no había sido bastante buena, claramente ella estaba infeliz de que yo fuera gay, por lo que la vida en mi hogar comenzó a ser bastante difícil, yo comencé a salir con varios chicos y nunca podía llevar a nadie a mi casa, tenía que pedir que me pasan por mi un poco más lejos de la dirección de mi casa, para que mi abuela no sintiera vergüenza, además de esto los hijos de mi abuela que desde pequeño me odiaban, comenzaron a ser muy peor conmigo, me hacían comentarios diciendo que además de ser un inutl, ahora había salido hasta joto, que era una vergüenza para la familia y que para ellos yo no existía. Realmente todo eso no me importaba, pues nunca había sentido cariño por ellos, pero estar en un ambiente tan tóxico era algo demasiado cansado, pero comencé a dar menor importancia y solo pensaba en mi, si alguien no era feliz por lo que yo era pues ese era su problema, comencé a ver a mi familia como lo que eran, personas cerradas, de mente manipulada por la religión y decidí ser feliz aunque nadie estuviera orgulloso de mi.

La relación con mi abuela se daño bastante, yo la amaba infinitamente, ella era y sería como una madre para mi para siempre, pero nuestra relación ya nunca volvió a ser la misma, claramente me dolía bastante perder esa bonita relación con ella, pero mi felicidad ya no era sacrificable por nada ni nadie.

Un mensaje.

Nunca sacrifican su felicidad por nadie, no ocultan su colores por nadie en este mundo, ni sus padres, ni ninguna persona vale la pena para ocultar el brillo que existe dentro de ustedes. El amor no tiene géneros, el amor es amor y ya, ama a quien quieras, vive tu vida con quien quieras, ser libre, muestra todos esos colores que están dentro de ti y a quien no le gusten los colores de tu arcoiris, sácalos de tu vida y dejalos en su vida gris. LOVE IS LOVE.

Un proceso.

Salir del closet trajo consigo vivir un proceso, el hecho de vivir tantas emociones fue algo dificil, ademas de que mi vida había cambiado bastante, yo me comencé a enfocar bastante en mi y para sanar esos sentimientos dolorosos que estaba viviendo decidí enfocarme un poco más en mi y comencé a usar todo mi tiempo libre para mi mismo, por lo que inicie una aventura entrando a el gym.

Enfocar mi energía en cosas que me gustaban fue algo que me hizo crecer bastante como persona, había vivido muchos años ocultando mucho de mí y finalmente estaba viviendo mi vida, el gym fue algo en mi vida que me ayudo muchisimo, creo que en mis momentos más tristes el ir al gym y ver videos en youtube de mi youtuber favorita kenia os, era lo que me hacía siempre sentir un poco mejor, y aunque no había motivos para estar triste, el hecho de la relación mala con mi familia era algo que en veces me afectaba. pero para estar mejor a veces iba a visitar la tumba de mi madre para contarle que al fin había salido del closet, que estaba conociendo chicos y que en el fondo de mi corazón yo esperaba que ella si estuviera feliz de lo que yo era, esas platicas me llenaban de bastante energía para seguir adelante con mi vida.

Distancia.

Poco después de algunos meses de vivir el proceso de salir del closet y aceptar que mi familia nunca me acepta por completo, comencé a marcar una distancia bastante grande principalmente entre mi abuela Yolanda y yo.

Hasta antes de salir del closet, desde pequeño mis vuelos me habían criado de la manera más chiple que podía existir, pero todo eso termino el dia que decidí revelar mi orientación sexual, hasta mis 17 años de edad yo no sabía ni siquiera encender la estufa, no sabía cocinar, no sabía lavar, pues estaba impuesto a que todo eso me lo hacían, pero después de la distancia que comenzó a nacer con mi abuela yolanda, yo tuve que comenzar a aprender solo, inicie en mi aventura para conocer el cómo era valerse por sí mismo y aunque fue bastante difícil pues tenía que luchar contra mis demonios que me llenaban de miedo y me hacían sentir que yo nunca sería nadie o que realmente si era un inutl como persona.

La distancia con mi abuela dolio mucho, pero fue la constelación que me hizo aprender a valerse por sí mismo, un poco de dolor me llevó a descubrir y crecer como persona para la autosuficiencia, a veces no entendemos porque pasan las cosas, siempre que algo nos lastima solo nos enfocamos en lo doloroso, pero a veces ese dolor al final viene acompañado de un crecimiento a tu alma, que te llevará a la felicidad.

Capítulo 10 Capricornio.

28 de diciembre del 2019.

Pasaron algunos años en los que estuve soltero después de vivir mi primer relación amorosa, pero el tiempo que había pasado me había sanado por completo y finalmente estaba listo para buscar amar a alguien de nuevo.

Aunque mi vida ya era bastante más liberal y aunque seguía viviendo en casa de mi abuela, la distancia entre ambos había hecho que mi abuela dejara de sobreprotegerme tanto, por lo que yo salía libremente de fiesta, pero claro siempre fui un chico bastante responsable.

Contar la historia de mi mas grande amor, es algo que realmente será bastante difícil, el escribir la historia de el hombre que amo con toda mi alma, el hombre que llegó a mi vida para cuidarme, amarme y enseñarme todo lo que yo valgo como persona, realmente esta será la parte del libro en la que plasmar los sentimientos que nacieron en mi y que nunca volverán a nacer por nadie más.

Definitivamente el amor llega a ti cuando menos lo esperas y mi historia de amor con Alexis Alvarado es el amor mas inesperado que nunca pensé vivir...

A finales del 2019, yo tenía una vida medianamente normal, estaba soltero desde hace 2 años y realmente no buscaba una relación seria, pero el universo siempre nos sorprende.
Una tarde saliendo del gym, de camino a casa tomo mi celular y entro a mi app favorita en aquel entonces, un appa que muchas personas van a conocer, bueno muchas personas gay, si, me refiero a GRINDR. Como todos los chicos lgbt, yo usaba esa app para buscar solamente encuentros casuales y así había sido hasta el día que me llego la notificacion de aquel chico...

Recuerdo entrar a la app y ver que tenia un mensaje de un chico bastante guapo, sexy y con una mirada muy seductora, obviamente procedi a responder y fue ahi como comenzo todo, despues de los clasicos mensajes, pasamos charlando todo el dia y asi estuvimos por dos dias hasta ese sexy chico escorpio me pregunto que si solo buscaba sexo, yo respndi que si, que usualmente usaba solo la appa para eso, pero que algo mas pasaba con el, entonces el me respondio que tambien queria conocorme mas y no solo tener un encuentro casual, decidimos seguir platicando unos dias mas y dejar que la primer cita se diera completamente sola.

La primera cita.

Puedo recordar esa primera cita como uno de los días más felices de toda mi vida y de todas las constelaciones de mi vida que he compartido en este libro, esta es la única llena de felicidad para mi.

Decidimos vernos un sábado 28 de diciembre, a las 5:00 de la tarde. El lugar era un parque que estaba en la ciudad donde él vivía, en el cual había una cafetería y el plan era ir a tomar algo ahí.

Puedo recordar que ese día desperté super temprano, estaba muy nervioso por conocer a aquel chico que tanto me gustaba, mi outfit lo tenía listo desde un día antes, me había cortado el cabello, me arreglé la barba y me puse muy lindo para conocerlo. Llegando la tarde, aún faltaban 40 minutos para la hora acordada, pero mi ansiedad no podia mas y tome el camino para llegar a el lugar en donde nos veríamos, llegue ahí un poco antes de las 5:00pm, procedi a escribirle y decirle que ya estaba ahí esperando, su respuesta fue bastante rápido y me dijo que el tambien ya estaba llegando a el lugar. En ese momento mi corazón latia demasiado rapido, mis manos estaban sudando y mis emociones estaban de locos, de pronto llega una notificacion a mi celular, era un mensaje de el diciendo ya estoy aquí, volteo para el lado derecho de el parque y recuerdo como en aquella esquina cruzando la calle, venía el, mis ojos vieron por primera vez a ese chico alto, apuesto, sexy, y con una mirada tan hermosa, no voy a decir que fue amor a primera vista, pero mi alma sabía que el seria una de las personas mas importantes de mi vida, mi alma sabía que estaba encontrado a otra alma que ya había amado en alguna de sus vidas pasadas y que el universo los estaba poniendo nuevamente frente a frente.

Esa noche fue la más feliz de mi vida, nos abrazamos por primera vez y pude sentir como mi alma se sentía en un lugar tan seguro aunque apenas era una persona nueva la que tenía frente a mí, poco después de unos minutos fuimos a la cafetería y tomamos algo, platicamos un rato acerca de cosas que nos gustaban y después salimos a caminar al parque, poco después de media ora caminando y charlando, el me abrazo e intento besarme, recuerdo que yo me quite y no le correspondi el beso, fue algo que yo hice porque estaba demasiado nervioso y tenía miedo de no besarlo bien, creo que fue una tontería, nunca se lo dije, espero esté leyendo este libro y le pueda sacar una sonrisa saber esto.

La noche pasó demasiado rápido, yo estaba super feliz y muy cómodo de estar a su lado, pero la noche se había terminado y tenía que irme a casa, una de mis primas fue por mi y me despedí de mi hermoso chico escorpio, obviamente acordamos vernos después, pues los dos estábamos de acuerdo en empezar a salir de una manera más seria para seguir conociéndonos.

01 DE ENERO.

Después de nuestra primera cita, pasamos la celebración de fin de año juntos, si aun no eramos pareja y ya estábamos celebrando nuestro primer año nuevo junto a su familia.

Puedo recordar que ese dia me senti por primera vez en un lugar en donde una familia era feliz, recuerdo el cómo a pesar de yo ser una persona nueva que su hijo apenas comenzaba a conocer, ellos fueron las personas que por primera vez en toda mi vida me trataron como a alguien especial, me hicieron sentir que yo formaba parte de su familia, eso para mi fue algo demasiado especial, pues desde niño yo había crecido sin mis padres, mis abuelos eran lo único que había tenido como una familia, pero nunca había conocido cómo era una familia completa y normal, una familia que te amara y te hiciera sentir que eras especial en todos los aspectos.

Esa noche fue mágica, además de estar compartiendo un día tan especial en compañía de el hombre al cual estaba comenzando a querer demasiado, también me había ganado a una familia.

Cuando yo pensaba que la noche había sido demasiado feliz, aun no sabia lo que le universo me tenia preparado para el primer dia del nuevo año, asi que despues de que terminara la celebración de fin de año, siendo ya 01 de enero, nos dirigimos a su casa para dormir y obviamente yo estaba demasiado nervioso porque sería la primera vez que dormiría con él, además de que sería la primera vez en mi vida que haci eso, pues nunca había dormido con alguien que fuera mi pareja, esto nunca se lo dije, pues no quería parecer inocente, pero el fue mi primera vez en muchos aspectos.

Cuando llegamos a su casa, nos pusimos pijama y nos acostamos para dormir, el me abrazo y me dijo que estaba muy feliz de conocerme, que yo era un niño muy lindo, yo respondí que igual estaba muy feliz y que el me hacia sentir muy especial, en ese momento me abraza muy fuerte y después de un suspiro, me dijo,

¿Quieres ser mi novio Aruky?

.....

Me quede callado, no sabia que responder, pero le dije, no se vale hacer bromas he, rápidamente me respondió y me dijo, no es broma, es un pregunta seria y fue en ese momento en que yo quede en shock, no podía creer que estaba pasando eso tan rapido, mi alma por dentro gritaba que si y le hice caso, le respondí a aquel chico que tanto me gustaba, que si quería ser su novio. El me abrazó muy fuerte y me dio un besito en la frente y me dijo que siempre me iba a cuidar, que yo era chiquito y sería su niño siempre, esto porque yo tenía 18 años y él 23.

Sus palabras fueron algo muy bonito de escuchar y además pude ver en sus ojos como brillaban por mi y eso me hizo sentir muy especial. Creo que por primera vez en ese momento pude sentir como una persona estaba feliz de que yo estuviera en su vida.

Así fue como mi historia de amor con mi chico escorpio comenzó, así fue como mi alma conoció a aquel amor que marcaría su vida para siempre, finalmente mi alma se sentía completa y en paz.

2020.

Llegamos a el año que se convirtió en historia para la humanidad, un año en el cual enfrentamos retos como humanidad, pero además de ser un año histórico, el 2020 se convirtió en la constelación más dolorosa de mi vida entera, compartir todo lo que escribiré en este capítulo, son situaciones que en verdad lastimaron, dañaron y llevaron a las cenizas a un chico de 20 años de edad, que ya había pasado por muchas lecciones y justo cuando su vida era normal, la constelación más oscura de su vida estaría por llegar.

Mi relación con Alexis, despegó de una manera muy hermosa, después de pedirme ser su novio, comenzamos a vernos 1 vez a la semana, ya que vivíamos en ciudades distintas. Algunas ocasiones llegamos a salir a el cine, o de fiesta junto con sus amigos, pero de pronto la cita más especial fue comenzar a ver pelis en su casa y comprar muchas sabritas, golosinas y comida chatarra, aunque pareciera algo muy simple, tener esas citas con el para mi era algo muy especial, estar acostado viendo pelis y abrazados me hacían sentir estar en mi lugar seguro, mi corazón y mi alma sentía tanta paz al estar ahí y eso me hacía sentir muy feliz.

En el transcurso de los meses del año 2020, no paso mucho en mi vida, solamente un poco el cambio de adaptarnos a la nueva normalidad con el covid 19, mi relación iba bastante bien y había pasado mi primer cumpleaños en compañía de alexis, en general mi vida estaba bastante bien, al fin después de una infancia, una adolescencia llena de lecciones por parte de el universo, finalmente mi vida era normal, tenia un novio que me amaba demasiado, mi suegros eran las personas mas especiales que la vida me había puesto y mi relacion con mi abuela yolanda comenzaba a mejorar bastante, pero justo cuando mi vida iba normal, una tormenta se acercó.

La noticia.

DICIEMBRE 2020.

Nunca podré olvidar el año 2020, fue el año en el cual tuve meses realmente hermosos enamorandome de alexis, además con el venia una familia que me hacía sentir ser parte de ellos, pero sobre todo fue un año que me hacía sentir que finalmente no existiria mas sufrimiento en mi vida, mi mente por fin podía sentirse en paz, mi pasado estaba completamente sellado y sanado, la muerte de mi madre era algo que ya tenía completamente bajo control, al fin había comenzando a vivir mi vida, sin problemas, sin ese pasado tan tormentoso y aunque había perdido a mi madre y ami abuelo, la vida me había enseñado a seguir adelante siempre, pero yo no sabia que aun faltaba una constelación más, el universo me daría una lección que me llevaría a las cenizas y que tendría que salir de ahí, completamente solo.

Una tarde me encontraba en casa, cuando de pronto mi abuela se acerca a mi habitación y me dice que tiene que hablar conmigo, se sentó en mi cama y me dijo, mijo me llamaron de fiscalía del estado de chihuahua, que necesitan que te presentes a sus instalaciones para una prueba de ADN, rápidamente pregunté qué para qué, y mi abuela solo me pudo decir, que le habían dicho que era necesario ya que tenía que ver con el secuestro de mi madre. Yo no tenía idea de porque querían una prueba de ADN, pero dejando mi dudas a un lado, acudí al lugar en donde me había citado.

Llegando a las oficinas de fiscalía, me comentan que simplemente necesitaban la prueba de ADN, para el archivo de el caso de mi madre de hace 10 años, que no tenía nada de qué preocuparme, tomaron las muestras y las enviaron para la prueba, me comentaron que cualquier otra cosa ellos me avisaban, me levanté de la silla y me fui a casa.

La verdad y tenía bastantes dudas sobre porque me estaban solicitando una prueba de ADN, si ya habían pasado 10 años de la muerte de mi madre, pero no tenía idea de la verdadera razón y no sabía todo lo que venía detrás de esta prueba de ADN.

La llamada.

Poco después de 15 días transcurridos después de hacerme la prueba de adn, solicitada por la fiscalía, recibo una llamada por parte de ellos...

Fiscalia, me comenta que necesitan agendar una cita en mi casa, junto con mi abuela Yolanda, ya que tenían que hablar con nosotros, pactamos la cita para ese mismo día, que puedo recordar era un martes. Al dar las dos de la tarde, llega a casa, 4 abogados, 3 psicólogas y 6 representantes más de fiscalía del estado, mi abuela les invita a pasar a la sala de la casa y todos tomamos asiento, de pronto una de las abogadas comienza a hablar y dice....

Sra Yolanda y Aruky, estamos aquí debido a la prueba de ADN que se le solicitó a el joven, dicha prueba fue echa para compararla con el ADN de el cuerpo que ustedes sepultaron hace 10 años, de su hija lizeth, la prueba se hizo ya que el cuerpo entregado en 2010, no era su hija Lizeth, la prueba de ADN de Aruky dio como resultado negativo con el cuerpo entregado.

No puedo describirles que fue lo que sentí cuando escuché esas palabras, me estaban diciendo 10 años después, que la persona a la cual enterré, no era mi madre, me estaban diciendo que le habia llorado a una extraña toda mi vida, realmente sentía que estaba en una película de mal gusto, sentí como el enojo y coraje entraban a mi, me estaba pasando algo que jamas en mi existencia crei que podria llegar a pasarme, el universo me estaba lastimando de una manera que jamas le desearia a nadie.

Después de unos minutos de entrar en un pequeño shock por la situación, volteo a ver a mi abuela y veo como esta su cara llena de lágrimas por escuchar que el cuerpo que creía que era su hija muerta, nunca lo fue, y en ese momento fue cuando me tragué mis lagrimas, respira profundo y me mostré muy fuerte para que mi abuela se tranquilizara viendome a mi bien y fue ahí cuando procedí a gritarle en la cara a la abogada, decirle a gritos que cómo era posible que 10 malditos años después vinieran a decir que aquel cuerpo no era mi madre, le suplique a todas esas personas que porfavor me dijeran que era una broma, que cosas asi solo pasan en películas, en la vida real esto no podía pasar, y ahí derrame aquellas lagrimas que me había guardado momentos antes.

Un poco después de calmarnos, comenzaron a explicarnos que el cuerpo era de una chica que también había estado desaparecida, sus familiares la habían estado buscando durante estos 10 años, y justo en el 2020, el perfil genético de uno de los familiares coincidió con el ADN de el cuerpo que nos habían entregado a nosotros en el 2010 y por lo cual el siguiente paso había sido pedirme una prueba de ADN a mi, para corroborar que efectivamente el cuerpo no era el de mi madre y si era la chica que aquella familia buscaba. Después de hablar algunas cosas sobre ahora que pasaria respecto a el tema de mi madre, fiscalía comenzó a explicarnos que se haría la exhumación de los restos del cuerpo que nosotros habíamos enterrado hace años para entregarlo a su verdadera familia, y de esta manera, el acta de defunción de mi madre sería anulada y ella volvería aparecer viva, pero como desaparecida, su caso se abriría nuevamente y mi perfil genético se estaría comparando con cuerpos encontrados y no identificados para si alguno era el de ella, hacerlo informar.

Realmente les podría decir que después de recibir esa visita y esa noticia, mi vida cambió por completo, el proceso que había vivido por 10 años par sanar, se había ido a la basura, dentro de mi ahora había muchas emociones y sentimientos, una parte de mí estaba realmente enojado, otra parte de mi había despertado la esperanza de que ella estuviera viva, pero al final mi corazón solo estaba decepcionado de cómo la vida me estaba poniendo una prueba tan difícil, cuando desde pequeño me había esforzado demasiado para salir adelante, sinceramente estaba a punto de rendirme, ya no quería saber nada de la vida, solo quería tener una vida normal por un momento.

Solo había oscuridad en mi vida, solo podía ver eso, mi vida era nuevamente negra, pude sentirme nuevamente como aquel niño de 10 años que había sufrido tanto, la verdad ya no podía ver ninguna luz que me ayudara a salir de esta nueva tormenta, ya no sentía nada, ya no quería nada.

Mi luz, mi tierno chico escorpio.

Durante los dos primero días después de recibir la noticia, yo nunca le dije nada a mi novio alexis, recuerdo que ni siquiera sabía cómo explicarle la situación, sentía vergüenza, de explicar una situación que parecía sacada de una pelicula, ademas tenia miedo de que el sintiera lastima por mi, tenia miedo que mas que amor, él comenzará a verme con ojos de lastima por la situación que yo estaba viviendo.

Pero era algo que no podría ocultar mucho tiempo, y así fue hasta el fin de semana siguiente después de la noticia, alexis y yo nos habíamos quedado de ver para pasar el fin de semana juntos, y ese sábado fue cuando ya el estaba conmigo yo lo abrace y comencé a llorar bastante, alexis estaba confundido y me preguntó qué era lo que pasaba y procedí a contarle todo, después de explicarle lo que estaba pasando, pude ver en sus hermosos ojitos él como su mirada quería darme un abrazo y protegerme para siempre, tal vez no tenía las palabras para hacerme sentir mejor, porque diganme quien las tendria, era una situación muy peculiar, pero sus abrazos me llenaban de amor para hacerme sentir bastante mejor, ese fin de semana estuvimos juntos y él fue ese apoyo que me hizo sonreír en un momento tan gris.

Recuerdan que esta vez ya no podía ver alguna luz que me hiciera poder seguir en mi camino, pues ese fin de semana, después de ver a ese chico que tanto amo, pude darme cuenta que aunque mi vida era un completo asco, tenia a alguien que estaba ahí para mi, que no me podía rendir, porque tenía unos ojitos hermosos que se podrían poner tristes si yo no seguía adelante, fue ahí cuando busque dentro de mi el ultimo impulso de fuerza para poder seguir.......

Si el universo me quería romper por 5ta vez en la vida, entonces me volvería a reparar por 5ta vez en la vida.

Capítulo 11 Acuario.

Publicación de facebook.

Puedo imaginar que estarán preguntando que pasaría después de recibir la noticia, que pasaria con el caso de mi madre, que pasaría con su búsqueda para poder encontrar su verdadero cuerpo. Pues eso mismo fue lo que yo comencé a preguntarme en aquel entonces, después de la visita de fiscalía ellos acordaron que me llamarian para una cita en el ministerio público para firmar la reapertura del caso de mi madre, pero algo que me dejaron claro fue que ya habían pasado 10 años y las posibilidades de encontrarla viva o muerta eran realmente escasas.

Para mi sorpresa pasaron dos semana y fiscalía no había hecho el más nulo intento de buscarme para reabrir el caso, por lo que decidí crear una publicación en facebook con un texto explicando la situación que parecía sacada de una película, la verdad tenia mucho miedo de subir esa publicación, no quería que la gente me tuviera lástima, pero tuve que luchar contra esos demonios, hice la publicacion y poco después de unas horas por la gravedad del asunto se había hecho viral, la publicación contaba con más de 100 mil veces compartidas y estaba llena de comentarios de apoyo respecto a mi situación. Algo dentro de mi me decía que era algo que no servía de nada, pues ya habían pasado demasiados años, pero al menos con esa publicación en facebook yo pude sentir por un momento que hice algo para tratar de buscarla, fuera viva o muerta, solo le pedia a el universo que me ayudara a saber qué había pasado con mi madre.

Días después de mi publicación, la noticia comenzó a crecer bastante, tanto que los medio de comunicación locales y estatales comenzaron a buscarme para pedirme entrevistas y lanzar notas sobre el tema, entre algunas de las notas más importantes está la que hizo el respetado periodo llamado EL DIARIO DE MÉXICO, pueden googlear mi nombre y podrán encontrar el reportaje que ellos hicieron para mi. Proceso.

Poco después de 3 semanas, luego de pasar todas las entrevistas respecto a la noticia, finalmente pude comenzar a asistir a terapia nuevamente, pues realmente la situación que estaba viviendo era bastante complicada.

En conjunto con la terapia y con una actitud positiva para seguir siempre adelante, comencé a tener mucha claridad en mi vida, ademas comence a darme cuenta de muchas cosas que ya no estaban en mis manos, pude comenzar a sanar, con ayuda de la terapia y el apoyo de mi novio alexis, pude encontrar la fuerza que aún estaban dentro de mi para poder seguir con mi vida.

El odio hacia mi madre.

Después de algunos meses de estar en terapia, comencé a darme cuenta de la realidad de muchas cosas, que antes no había visto, cosas que les he contado a lo largo de este libro.

Como lo dije antes, mi familia no era ni es una familia que gozará de tener un gran estatus de vida económica, pero nunca llegamos a ser una familia necesitada o en una situación económica mala, como para entrar al mundo de los negocios sucios que mi madre entró.

Siempre justifique las acciones de mi madre, pero llegue a un punto de mi vida en el cual ya pude ver la realidad, después de la noticia de fiscalía, pude darme cuenta que estaba viviendo situaciones en mi vida, la cuales pudieron ser evitadas, si, si mi madre nunca hubiera entrado a ese tipo de negocios por mero gusto, yo nunca hubiera pasado por las cosas que hasta la actualidad he vivido, si mi madre por un segundo se hubiera detenido a pensar en que tenía un pequeño hijo, el cual llevaría las consecuencias de todos sus actos por entrar a el mundo de los negocios sucios, creo firmemente que mi madre, o mejor dicho, la mujer que me dio la vida, fue una persona egoísta, ambiciosa y poco empática.

Nunca en mi vida le voy a perdonar, el solo haber pensando en ella, en mi siempre vivirá un odio hacia a ella, un odio que nació y nunca se ira, para mi, la mujer que me dio la vida es la persona con menos instinto maternal que he conocido en este mundo, hasta los caimanes cuidan más a sus crías, que lo que lizeth torres pudo cuidar de mi algun dia. Y probablemente muchos estén pensando lo típico, lo hizo por ti, para darte una vida mejor, pero no, ese cuento para mi no existe, no creo que la situaciones que tuve que pasar desde pequeño sean las cosas que una madre busca para su hijo. Probablemente muchos me vean como un villano por hablar así de mi propia madre que está muerta o VIVA, eso solo lo sabe el universo...

Creanme intento perdonarla, intente sacar este odio que vive dentro de mi, pero no me fue posible, para mi ningun lazo de sangre te obliga a dejar de odiar a una persona que dejo tanto daño en tu vida, asi sea tu propia madre, no tiene que perdonar a nadie para sanar y continuar, puedes continuar con tu vida sin perdonar, simplemente tienes que volverte indiferente ante la situación.

El odio que ahora vive en mi hacia a ella, estará aquí para siempre, nunca perdonaré que se haya involucrado en ese tipo de negocios, nunca le perdonaré que yo haya tenido que pagar las consecuencias de sus actos, jamás olvidaré que tuve que aprender a sobrevivir situaciones horribles desde niño por culpa de sus acciones, pero sobretodo nunca le perdonaré que cuando mi vida al fin estaba volviéndose normal, nuevamente una consecuencia de las acciones de ella volvieran a dañar todo mi progreso, diganme, es común que 10 años después de la muerte de tu madre, te digan que no era ese cadáver y todo fue un error, realmente mi vida ha sido una película gracias a las decisiones de lizeth.

Además hoy en dia, me di cuenta que no solo me hizo daño con las acciones de sus negocios sucios, ella fue tan egoísta que desde pequeño me mantuvo alejado de mi padre, algo que hace años nunca pude ver, fue el como ella simplemente me alejo de mi padre por el simple hecho de su propio ego, me alejo de la oportunidad de estar con un hombre que intentaba ser un padre para mi, pero una mujer llena de odio y egocentrismo se lo impedía, por mucho tiempo creí que mi padre nunca había sabido ser un padre para mi, pero estaba en un error, mi padre siempre quiso establecer ese vínculo de padre e hijo conmigo, pero si hoy en dia no lo tenemos es porque esa mujer no se lo permitió, solo por su ego, su soberbia y su egoísmo.

Sinceramente solo puedo decir que ella fue la mujer que me dio la vida y ya, nunca cuido de mí, eso siempre lo hizo mi abuela Yolanda.
Para muchos seré un villano lo se, pero se que tambien van a existir muchas personas que puedan comprender el odio que puedo sentir por la mujer que me dio la vida, se que en el mundo existen muchas personas que también tienen malas madre o padres que más que amarlos los han lastimado en esta vida.

Nunca perdonan a nadie que los haya lastimado, esté vivo o esté muerto, nadie merece su perdón, sigan adelante, olviden, sean indiferentes con quien les haya ocasionado daño, así sea su propia sangre, siempre recuerden que uno mismo va primero antes que todo.

Para esa mujer.

No se en que parte del mundo te encuentras ahora mismo y tampoco me importa si estas muerta, solo quiero dejar en este libro este mensaje para ti.

Gracias por darme la vida, gracias por hacerme tanto daño, las consecuencias de tus acciones formaron a el hombre que soy hoy en día, quiero que sepas que este libro no es para ti, ni mucho menos por ti, nunca haría nada por una persona como tu, este libro está hecho para mi, para que en mis memorias de la vejez nunca pueda olvidar por que te odie.

Dedica tu primer hijo...

Olvidar para sanar.

Claramente dentro de mi existe un odio demasiado profundo hacia la mujer que me dio la vida, sinceramente sentir eso hacia ella era algo que me estaba lastimando demasiado, me sentía tan molesto conmigo mismo porque ella no merecía que sintiera lo más mínimo, ni siquiera una emoción negativa.
Fue así como comence a tratar en terapia el tema, pero sinceramente era algo demasiado complicado, mi rencor hacia a esa mujer tan egoísta, supera cualquier límite, la terapia servía para muchas cosas, pero por mucho que pasaban los meses, el odio seguía ahí, el resentimiento hacia a esa mujer que me hizo pasar por tantas situaciones complicadas en mi vida, por resultado de las consecuencias de sus actos, ese resentimiento cada vez era más grande.

Pasando los meses de estar en terapia y de cómo el resentimiento hacia a esa mujer cada vez era mas grande, comencé a perder el interes de que había pasado con ella, al principio de recibir la noticia de fiscalía, mis ganas de buscarla eran enormes, aun sabiendo que ya habían pasado diez años, yo tenia la intención de buscarla en cualquier lugar, viva o muerta. Pero conforme pasó el tiempo me fui dando cuenta de que realmente esa mujer nunca había sido una madre para mi, ella siempre penso en si misma, nunca pensó en como sus actos dejarían consecuencias para ese pequeño niño que era su hijo, poco a poco el universo comenzó a abrir en mi esa visión para darme cuenta que yo no tenía porque perder mi vida buscándola a ella, gracias a mi fuerte creencia en la astrología, me di cuenta que toda mi vida había sufrido lo suficiente, toda mi vida había pasado situaciones por culpa de ella, tal vez sea muy duro decirlo, pero ella era la villana de mi vida.

Fue así como decidí olvidar para sanar, poco a poco comencé a guardar ese rencor, a guardar esa historia, decidí dejar mi pasado a un lado, para comenzar a vivir mi presente, decidí guardar esa duda de saber si ella está aún VIVA o muerta, decidí guardar todo en una constelación de mi vida que dejaría en lo más profundo de mi alma.

Fue así como finalmente mi pasado quedó sellado, olvide cualquier sentimiento bueno o malo y comencé a vivir mi vida, era momento de dejar atrás todo, solo asi podria comenzar a vivir mi vida para encontrar mi felicidad, nunca negaré que es un tema que me va a doler toda la vida, pero tuve que ser tan egoísta como lo fue ella y apartir de ahi, comence mi viaje en busca de mi felicidad en este universo.

Capítulo 12 Piscis.

Me voy de casa.

Después de 1 año de recibir la noticia que le daría el giro más grande a mi vida, comenzaron a pasar demasiadas cosas en mi, cerrar mi pasado y finalmente dejar a un lado todo, trajo a mi muchas preguntas, ahora comienza a buscar mi felicidad, estaba en el momento de mi vida en el cual comenzaría a averiguar que pasaría conmigo para seguir en la búsqueda de mi felicidad individual.

Toda mi vida había estado con mi abuela Yolanda, ella había sido mi madre, siempre habíamos estado juntos y de alguna manera, la única distancia que habíamos tenido era la que se marcó cuando yo decidí salir del closet, pero aun así nuestro lazo de madre e hijo existía.

Aveces el universo te pondrá situaciones que en su momento no sabes porque pasan, pero después las entenderás, fue asi como me tuve que ir de casa, por algunas consecuencias de actos de la mujer que me dio la vida, yo tuve que dejar de vivir en la ciudad en la cual vivía con mi abuela, a pesar de estar un poco distanciados siempre había estado con ella, entonces el dia que tuve que partir de casa fue bastante doloroso para los dos, ademas yo tenía muchísimos miedo, ahora me tocaría enfrentar la vida a mi solo, que gracias a el universo tenía el apoyo de mi novio, un angel que llego a mi vida a salvarme de tantas tormentas. Pero aunque tenía el apoyo de mi novio y de su familia, yo tenía mucho temor de enfrentar la vida solo, siempre me había criado de una manera demasiado chiple, yo no sabía lo que costaba ganarte tus cosas con esfuerzo, mis abuelos siempre me criaron de una manera en la que me lo dieron todo en la mano, a mis 19 años yo no sabía cocinar, no sabía lavar, no sabia trapear ni nada relacionado a cosas básicas que aprendes mientras creces, pero todo esto era porque siempre tuve a alguien que lo hacía por mi, siempre tuve el privilegio de estar con muchísimas comodidades que mis abuelos siempre mantuvieron en mí, algo que sinceramente ahora veo que no es bueno, siempre tenemos que enseñarle a nuestros pequeños a valerse por sí mismos, para cuando llegue el momento de enfrentar la vida, ellos puedan lograrlo.

Pero a pesar de que era prácticamente un niño mimado, tomé de frente mis temores y sabía que sería muy difícil, pero si quería lograr salir adelante solo, tenía que destruir cada uno de mis miedos, para poder llegar a la constelación de mi vida en la cual finalmente sería feliz.

Irme de casa fue difícil, más porque no era algo que estuviera planeado.

Ese día me despedí de mi abuela con un abrazo enorme y un par de lágrimas en los ojos, pero fuerte para seguir adelante. No me estaba yendo demasiado lejos, ahora estaría viviendo en Ciudad Delicias, en casa de mi novio, mientras encontraba trabajo para comenzar mi vida.

Aprender.

Las primeras semanas después de estar iniciando mi nueva constelación viviendo en casa de mi novio, fueron semanas en las cuales mi relación con la familia de mi novio, se fortaleció demasiado, sobre todo con mi querida suegra que se convirtió como en un asegunda madre para mi, ella fue esa segunda madre que el universo me puso en la vida y que siempre le agradeceré a el universo por poner en i destino a personas con un corazón tan hermoso como ella.

Poco después de un tiempo, mi suegra comenzó a enseñarme muchas cosas de como hacer tareas domesticas de casa y realmente tuvo demasiada paciencia conmigo, pues como ya les había dicho, fui criado de una manera en la cual siempre había estado acostumbrado a que todo me lo hacían, pero siempre tuve las ganas de aprender para seguir en mi evolución en la nueva etapa de mi vida que estaba comenzando.

Mi primer empleo.

Transcurrido dos meses de haber salido de casa, comencé a trabajar como modelo de ropa, para marcas locales de la ciudad en la cual vivía, sinceramente nunca me he considerado un chico feo, al contrario, siempre he tenido la dicha de que todas las personas a mi alrededor me digan que soy guapo, con mucho estilo y con mucha personalidad, por lo que conseguir trabajo como modelo fue algo realmente fácil, comencé a trabajar con dos marcas, poco después de dos meses encontré trabajo como modelo en una empresa que era un poco más grande y reconocida, pues tenia mas de 24 sucursales en todo el estado de Chihuahua. Poco después de estar como modelo de su marca, pase a entrar a la empresa como vendedor de tienda, esto porque necesitaba trabajar un poco más y realmente de modelo la pagaba no era lo suficientemente buena para mi, por lo que aunque el modelaje me gustaba bastante, decidí buscar un empleo más formal.

Poco después de algunos meses de estar trabajando como vendedor, yo ya habia pensado en renunciar, pues solo seria un trabajo temporal, pero dos semanas antes de avisar sobre mi renuncia, me dieron una noticia que cambiaría bastante mis planes, en la empresa me ofrecieron ser subgerente, hablaron conmigo de cómo aunque era bastante joven para el puesto, mi nivel de responsabilidad era bastante alto, así como mi talento para dirigir a los demás. Fue en ese entonces cuando el universo me estaba cambiando todos mis planes.

Acepté el puesto y con esta decisión en mi vida, vendrían varias constelaciones más.

Mudanza.

Siempre tuve en mi vida el fiel pensamiento de que vivir en donde había nacido, no sería mi destino final, desde muy pequeño puedo recordar como le decía a mi abuelo Juan, que cuando yo fuera grande me iría a vivir a la capital, que viviría solo desde muy joven y seria muy exitoso cumpliendo mis sueños, obviamente mi abuelo siempre me daba la razón, como todos los abuelos apoyan a sus nietos.

Poco a poco con el paso de los años fui olvidando esos sueños y todo es que yo llegaba a decir que sería, además las situaciones difíciles en mi vida, me habían hecho en algún punto perder la esperanza de aquel futuro que tanto soñaba, tantas constelaciones difíciles me habían simplemente perder mi enfoque y solo sobrevivir a todo el dolor.

Poco después de mi ascenso de trabajo, en la empresa me ofrecieron ser subgerente en otra sucursal de la empresa, pero en la capital del estado, sinceramente cuando ese ofrecimiento llegó a mi fue algo que no me esperaba para nada, y después de pensarlo unos días, acepté el puesto en la capital, aunque estaba lleno de nervios porque vivir en una ciudad tan grande me daba miedo, algo dentro de mi me decía que este sería el comienzo de la búsqueda de mi felicidad que tanto había deseado, ir alejándome de mi pasado poco a poco era lo mejor que en mi vida estaba pasando.

Para la mudanza tuve el apoyo de mi novio Alexis, que además él ya tenía 4 meses de haberse mudado a la capital, por el mismo motivo que yo, el cual era por trabajo.

No se si crean en la manifestación, pero quiero dejarles en claro que no creo que se coincidencia que de los 11 a los 16 años de edad, yo me la mantuviera afirmando que viviría en chihuahua capital y sería alguien exitoso, tal vez yo no tenía conocimiento de lo que era la manifestación en ese entonces, pero de una manera inconsciente manifieste mi futuro, lo que dije por años, llegó a mi de un momento a otro, actualmente vivo en la capital, así como aquel pequeño Aruky lo decía y actualmente tengo un nivel de vida en el cual tengo todo lo que quiero por mi propia cuenta, actualmente soy un hombre exitoso en su trabajo, así como aquel pequeño aruky lo afirmaba y actualmente tengo un libro, que mas prueba podría pedirle a universo, nunca en mi vida llegué a pensar que aquel niño con el cual nadie se quiera juntar por ser hijo de esa mujer que estaba en negocios sucios, ahora tenga un libro, una vida feliz y haya salido adelante. De verdad gracias al universo porque me enseñó por medio de la astrología que a veces todo lo malo es necesario para llevarte a todo eso que te hará feliz.

Gracias Universo.

Enfrentar la ciudad.

Mi primer dia en esta ciudad fue sinceramente lleno de muchas emociones, tenía bastante miedo por enfrentar una ciudad enorme como esta, pero gracias a el universo tenía a mi novio y él me estaba apoyando bastante para enseñarme a moverme en esta ciudad y para que aprendiera a hacer todo yo solito, en mis primeras semanas, me perdí rumbo a el trabajo, me perdí regresando a casa y así sucesivamente me sentía la india maria cuando salía de su pueblo a la gran ciudad.

En mi trabajo, comenzó a ir de maravilla, comencé a hacerme de los mejore gerentes de la empresa, y mi trabajo, junto con mis resultados comenzarona brillar por sí solos, en mi estancia en la nueva sucursal que me asignaron, pude conocer a personas con una energia tan hermosa, Karime, Ximena, Ileana, Sofía, fueron personas que el universo trajo a mi vida para que me hicieran ver todo el potencial que existía dentro de mí y yo no veía, en este libro no hablaré mucho a detalle de mi amistad con cada una de ellas, pero probablemente en un próximo libro, les comparta un cachito de mis constelaciones con cada una de ellas.

Algo que fue demasiado mágico y bueno después de mudarme fue comenzar a vivir una temporada demasiado hermosa en mi relacion con mi novio Alexis, comenzamos a salir a cenar más a seguido, también una de las citas mas bonitas y que siempre llevaré en mi corazón es que fuimos a nuestro primer concierto juntos, fue de la artista Paty Cantu, ir a cantar con el ahi fue realmente hermoso y magico, asi como lo fue cuando estuvimos en nuestra primer cita en la feria de la ciudad, pero creo que la cita más hermosa con el siempre sera esa cita en fin de semana, en su casa, con mucha comida chatarra, para pasar un fin de semana de películas, acostados y abrazados, no les puedo explicar lo bonito que es para mi pasar tiempo a solas con el.

Kenia Os, primer concierto.

En el capítulo número nueve de este libro les hable un poco de la conexión tan especial que tengo con Kenia Os que es mi artista favorita, además de admirarla por todo lo que ha logrado en tan poco tiempo, siempre sentiré un tipo de cariño especial hacia a ella, ya que sus videos en youtube fueron algo que me hacían sentir bien cuando todo en mi vida estaba mal. Para mi Kenia Os no es solo mi artista favorita, es una persona que a pesar de no conocerla cercanamente, la admiro muchísimo, es realmente admirable como ella ha luchado por sus sueños, sola y enfrentando muchísimas lecciones por su camino hacia la fama.

Después de ser fan de ella, por 4 años, finalmente vendría a dar un concierto a mi ciudad y al fin podría conocerla, cuando Kenia anunció su concierto de verdad que no podía creerlo, estaba demasiado feliz y ese dia le envie mensajes a mi novio para compartirle la noticia de que por fin podría ver a Kenia Os. Cuando salió la preventa de los boletos, mi tierno escorpio fue a comprar el boleto por mi, y gracias a él pude alcanzar boleto, pues se sabe que los concierto de Kenia son un éxito en taquilla,

Como podria comenzar a describir cómo fue el momento que vivi en el concierto, realmente no lo se, no tengo una palabra, solo podría decir que fui muy feliz, cantar cada una de sus canciones en vivo es una experiencia única, Kenia es una muñequita hermosa, que además transmite una energía demasiado bonita, el concierto fue muy bonito, la pase genial y es un acontecimiento en mi vida que llevaré en mis recuerdos más especiales,

Explocion de estilo.

Pasaron siete meses después de mudarme y realmente mi vida estaba yendo de una manera muy linda, mi relación de pareja estaba de lo mejor, había echo amigas maravillosas y en mi vida laboral me estaba yendo de lo mejor, todos los aspectos de mi vida estaba de maravilla, tanto mis emociones como mis necesidades materiales, estaban completamente cubiertas.

Fue así como me pude dar cuenta que al final el universo me habia traido a ese punto de mi vida en donde comienza toda la felicidad que siempre había buscado, finalmente estaba iniciando una constelación de mi vida feliz, ya no era una constelación triste o dolorosa como todas las que había iniciado a lo largo de mi vida, al fin había logrado pasar por esa larga tormenta tan gris, al fin había llegado a esa luz que siempre vi al final del camino.

La moda es algo que desde pequeño me ha gustado bastante, tengo recuerdos de cómo desde mis 15 años me comenzó a llamar mucho la atención el vestirse bien, y además siempre las personas me llegarona decir que yo tenía un estilo muy marcado y muy cool, sinceramente nací con el privilegio de que todo lo que me pongo se me ve bien. Siempre quise ser ese chico de las películas que las personas vieran y lo admiraran por su forma de vestir, por su estilo, siempre quise ser realmente ese chico de la moda y así fue como pude comenzar a enfocarse mucho en mi imagen y buscar crear un estilo en mi forma de vestir, gracias a el universo mi vida al fin era muy bonita y esto me permitía comenzar a explorar sueños que había dejado en mi pasado.

Aprovechando que siempre me habían gustado las redes sociales, comencé a publicar mis outfits diarios en mi cuenta de instagram, subia fotos, videos, y sobre todo de que marcas eran mis outfits, para mi sorpresa a la gente le comenzó a gustar mucho que subiera mis outfits, me dejaban mensajes en mis redes, diciendome que mi estilo era genial, que era muy original, y así fue como mis publicaciones de outfits fueron creciendo poco a poco y pase de tener 200, 300 o 500 likes en mis fotos de outfits, a llegar a tener fotos de outfits con hasta 20 mil likes, realmente era una locura para mi, porque nunca comencé a compartir mis outfits con el propósito de que la gente me siguiera o algo por el estilo, pero simplemente fue algo que sucedió, creo que esto pasa cuando haces las cosas porque las deseas, cuando haces algo con el corazón, la energía que las personas detectan en ti, es lo que las lleva a querer seguir sabiendo mas de ti, yo solo hago outfits para mi dia a dia y los likes o seguidores solo son la consecuencia de una acción de mi vida.

Supe que me había convertido en el chico de los outfits, cuando dure dos dias sin subir outfits y la gente en mis mensajes de instagram me preguntaban que cuando subiria nuevos outfits, fue ahi, fue en este momento cuando me di cuenta que ahora me había convertido en ese chico que veía en la películas de moda.

2023.

Llegamos a la actualidad de mi vida.

En esta constelación de mi vida me encuentro demasiado feliz, sinceramente ahora tengo toda la claridad de cómo tuve que pasar por todas esas constelaciones dolorosas que les he contado a lo largo del libro, para poder llegar a esta constelación de mi vida en la cual estoy siendo feliz, cumpliendo todos mis sueños y al lado de una persona que me ama y que amo infinitamente.

Pero aún quedan un par de constelaciones más que les tengo que contar, sigamos este viaje.

Cambiar de empleo.

Mi primer empleo será bastante especial siempre para mi, fue la empresa en donde me forme para desempeñarse de la mejor manera como gerente, fue una empresa en la cual aprendí demasiado de personas super talentosas, fue un lugar en donde aprendí a madurar en muchos aspectos de mi vida, asi como tambien en mi primer trabajo conocí a personas que me hicieron darme cuenta de lo mucho que yo podía lograr, de verdad llevo en mi corazón a Angelica, Ana y Yetzy, por que fueron personas que vieron en mí todo el talento que ni siquiera yo mismo podía ver, gracias a estas tres personas yo comencé a crecer como ser humano y eso lo llevo en mi alma hasta la eternidad.

Dejar mi empleo no era una decisión sencilla, pero era algo que tenía que hacer, ya que siempre he sido una persona muy enfocada, que le gusta crecer y siempre estar en constante cambio para elevar la energía en todos los aspectos.

Aunque en mi trabajo me iba muy bien, yo tenía en mente otro objetivo, un año atrás antes de comenzar a tomar la decisión de dejar mi empleo, fue porque nació en mí la meta de entrar a trabajar a alguna de las cadenas de grupo inditex, para lo que no lo saben, grupo inditex es dueño de las marcas ZARA, PULL AND BEAR, LEFTIES, ZARA HOME, BERSHKA, STRADIVARIUS, ETC.

Grupo inditex es el gigante de las marcas de ropa y trabajar ahí es un sueño para muchos, además de que entrar como gerente de alguna de sus marcas es bastante difícil, tienen filtros de hasta siete entrevistas para poder contratar a alguien para algún puesto de dicha importancia, como este era el giro en el cual yo trabajo, entonces realmente se había convertido en una meta para mi, entrar a grupo inditex, pero claro no era fácil, tenía varios conocidos que me llegaron a platicar que aplicaron para algún puesto de alguna marca de ahí y no quedaban seleccionados, así que siempre tuve miedo de intentar aplicar y no quedar, pues muchos de estos conocidos eran personas mas grande que yo y con mucha más experiencia laboral, entonces yo teniendo 22 años de edad, no me veía siendo aceptado por grupo inditex.

Pero los miedos nunca me han ganado, así fue como tomé la decisión de vencer mis miedos e ir a buscar la oportunidad que ahora yo quería. Renuncié a mi empleo y como acto responsable por ser gerente, les di dos meses para buscar a mi reemplazo y terminar la relación laboral de la mejor manera posible. En estos dos meses yo comienzo a tratar de buscar vacantes en alguna de las marcas de grupo inditex, para intentar aplicar a alguna.

En mi busqueda encontre una vacante para ser encargado en Zara, envie mi CV por correo electrónico y espere a recibir alguna respuesta. Después de dos semanas, me contactaron de Zara para informarme que estaban interesados en mí perfil y quieren agendar una entrevista conmigo, obviamente que acepte la entrevista, estaba muy feliz pues era la empresa en la cual yo quería entrar, recuerdo que ese día después de finalizar la llamada con los de Zara, corrí a contarle a mi novio que me habían llamado de inditex, que ya minimo se habían fijado en mí y ahora tocaba pasar las siete entrevistas de Zara.

Mi novio se puso muy feliz y me dijo que estaba muy orgulloso de mi, eso fue algo que me hizo sentir muy feliz, escuchar que la persona que más amo en mi vida, está orgulloso de lo que soy y de quien soy.

Pasando los dias, logre pasar la primera entrevista en Zara y me contactaron para la segunda entrevista, luego de eso pase hasta la sexta entrevista, estaba a nada de entrar a la empresa que tanto soñaba, a pesar de que la persona de RH de Zara, me había comentado que normalmente no contratan a personas tan jóvenes para un puesto tan importante, en mi veían un curriculum muy bueno y que mi imagen les interesaba bastante, escuchar esos comentarios me hacían ya casi sentir que me estaban contratando.

La última entrevista fue grupal y dos días después me avisaron que alguien más había sido elegido para el puesto, pero que les encantaba mi perfil y se lo quedaban para en un futuro llamarme si tenían algo que ofrecerme, la verdad en ese momento me sentí bastante triste, pues el proceso de las entrevistas fue de casi un mes y por un momento llegué a pensar que ya estaba dentro, pero por otro lado también entiendo que cuando no es el momento, tenemos que aceptarlo y solo tocaba esperar el momento indicado para lograr entrar a grupo Inditex.

Pasaron tres meses y yo tenía claro que iba a entrar a grupo inditex, no soy una persona que se rinde fácil y siempre cumplo lo que me propongo, la vida me había hecho lo suficientemente fuerte para conseguir todo lo que quisiera.

Una tarde de un martes, del mes de junio del año 2023, entre a la página de grupo inditex para revisar si había vacantes para el puesto que yo quería y para mi sorpresa me aparece la vacante para responsable en Lefties, esta era otra oportunidad para entrar a grupo inditex y claro que la iba a tomar, envie mi CV nuevamente y espere a ser contactado. Tres días después, recibí aquella llamada, en donde me informaron que querían agendar una entrevista conmigo, para el puesto que había aplicado, en ese momento vi en mis manos la segunda oportunidad para entrar a grupo inditex y estaba seguro que esta vez lo iba a lograr.

Ese mismo dia le compartí a mi novio Alexis, la noticia, el se puso muy feliz por mi, pues sabía que era un sueño para mi, conseguir empleo ahí, puedo recordar como durante todo el proceso de las entrevistas en Lefties, mi novio me estuvo apoyando demasiado, me enviaba mensajes muy lindos, diciendome que estaba orgulloso de mi y que lo iba a lograr, realmente para mi eso era muy especial y me daba la energía para seguir adelante en perseguir mis sueños para mi y para compartir mi éxito con mi chico escorpio que tanto amo.

El proceso de entrevistas en lefties fue el mismo, tenía que pasar siete entrevistas en total, las cuales se fueron dando en un tiempo de dos meses, en la entrevista final, la directora de zona de inditex, me dejó bastante claro que veía mucho potencial en mi, que le llamaba la de como a mi joven edad, ya había tenido un cargo importante en la otra empresa en la que estaba, en esta entrevista me comentaron que en dos días me avisaban si era yo el candidato elegido para el puesto.

Realmente fueron los dos días más llenos de ansiedad, crisis existenciales y desesperación de mi vida, Alexis trataba de calmarme y hacerme ver que si me llegaban a decir que no, pues no estaba mal y simplemente no era mi momento para estar ahí, realmente era algo que sí había pensado y si nuevamente me decían que no estaba contratado, dejaría de momento buscar entrar a inditex y regresar cuando ya fuera un poco más grande de edad.

Para mi sorpresa pasaron los dos días y se comunican conmigo para informarme que había sido seleccionado para el puesto y estaba contratado en grupo inditex, de verdad ese momento de mi vida fue maravilloso, escuchar que finalmente lo había logrado, me hizo sentir orgulloso, llegar a un puesto que normalmente se lo dan a personas mayores de 30 años de edad y que no estuvieran dando a mi, un chico de 23 años, en ese momento supe que de verdad en mi había bastante talento.

Compartí la noticia con mi chico, se puso super feliz por mi y recuerdo que me dijo que admiraba el como siempre conseguía todo lo que me proponía, escuchar esas palabras de él, fueron el complemento perfecto para añadirle a toda la felicidad que yo sentía.

Relación y una vida feliz.

Fue así como la constelación más feliz de mi vida, estaba llevándome a momentos tan especiales que nunca en mi mente pude imaginar que estaría viviendo, realmente esta constelación que estoy viviendo actualmente es hermosa, estoy en el trabajo de mis sueños, mi vida es abundante en todos los aspectos, mi relación de pareja este año dio la evolucion mas hermosa, mi chico escorpio en los últimos meses de este año se volvió el hombre más detallista conmigo, hizo de mi cumpleaños 23 el más especial de toda mi vida, me dio muchos regalos muy especiales, así como cocino para mi, el platillo favorito de toda mi vida, me dio de sorpresa un pastel con muchas velitas, sinceramente él convirtió mis cumpleaños en un día especial, nunca había pasado cumpleaños lleno de tanto amor, como los que comencé a pasar desde que lo conocí a él.

Nuestra relación este año evolucionó tanto que ya tenemos planes para el próximo año comprar una casa, un auto y vivir juntos, y más adelante queremos adoptar un bebe.

Adoptar un hijo con Alexis, es para mi algo demasiado significativo, nunca le he dicho que es algo que sueño, pero tengo mucho miedo, de verdad que formar una familia con el hombre que tanto amo es para mi demasiado especial, desde pequeño yo no tuve ese modelo de familia normal que todos tienen y es un sueño hermoso formar una familia normal con Alexis y un hijo nuestro, pero dentro de mi existe el miedo de ser un mal padre y no me refiero a equivocarme como padre, si no que dentro de mí había un miedo enorme de llegar a ser el tipo de padre que fue para mi la mujer que me dio la vida, es por eso que algunas veces niego querer tener un hijo, por ese gran miedo de fallarle a mi hijo, así como la mujer que me dio la vida me fallo a mi.

Pero esa constelación aún está lejana, aún faltan muchas metas por cumplir, para poder formar mi familia con mi tierno chico escorpio.

Llegamos a el final de mis constelaciones, este libro termina en una constelación demasiado feliz, hace años nunca pensé que mi vida estaría en un punto de felicidad tan alto como en el que estoy ahora, gracias universo por hacerme pasar todas esas constelaciones que me destruyeron y construyeron en mí a un ser más fuerte, gracias universo por poner en mi vida a un hombre que me ama tanto y de una manera tan hermosa, gracias por llevarme finalmente a tener el final feliz que todos los cuentos tienen.

Algo muy especial que quiero plasmar aquí en el final de este libro, es como este capítulo número doce, que es el capítulo final, titulado Piscis, es el signo zodiacal de la mujer que me dio la vida, este capitulo lleva su signo no solo por ser el último signo de la rueda zodiacal, el final de mi libro marca el final de mi odio hacia a esa mujer, finalizo mi libro y con el final del capítulo 12 piscis, dejó ir el odio hacia a ella, no la estoy perdonando por las deciones que ella tomó, eso nunca pasara, pero aquí en este libro dejó finalmente ese tema de mi pasado que tanto me duele, actualmente estoy avanzando en mi vida y el tema de la mujer que me dio la vida lo dejare por completo en mi pasado, así como el odio que está en mi hacia a ella, de ahora en adelante solo soy YO, Aruky Villalpando, un chico exitoso, que está formando su carrera desde cero y solo, que esta formando un futuro y dejando atrás cualquier situación ajena a él.

Gracias Lizeth torres por darme la vida, solo puedo darte gracias por eso.

Mi constelación final.

Espero de verdad que este libro les sirva para cualquier momento de su vida que piensen que ya no pueden más, cada constelación que les compartí aquí, está plasmada con las enseñanzas que cada una me dio, espero que cada constelación llegue a las personas que las necesitan leer.

En mi viaje por el universo estos 23 años de vida, les compartí cada experiencia dolorosa que se convirtió en una constelación de fortaleza y resiliencia, que mis constelaciones sean la guía que yo no tuve en mis momentos más difíciles.

Aruky Villalpando.

Fin.

Una nueva constelación.

El destino.

Se preguntaran que hace una constelación más, si el libro ya había terminado. Pues mi final feliz de cuento de hadas no terminaba ahí, para mi sorpresa, el universo acaba de traer una nueva constelación a mi vida, sinceramente no diré que es una constelación buena, pero tampoco es mala, creo que es una constelación que me viene a enseñar muchas cosas que son necesarias para seguir en mi camino hacia mi destino.

Mi libro fue terminado de escribir en septiembre, por esto finaliza en el final feliz de la constelación en donde hablo acerca de mi relación de pareja, pero como la vida puede cambiar en tan solo un segundo, es por eso que apareció esta constelación en mi vida.

Pero recuerden;

Un final se convierte en un comienzo.

Hasta que nos volvamos a encontrar.

Mi relacion termino, a principios de octubre de este año, Alexis decidió terminar nuestra relación, si les soy sincero es algo que no esperaba, mi mente, mis sentimientos y mi corazon, jamas pensaron que esto llegaria a pasar, sobre todo por que este ultimo año mi relación estaba de maravilla, mi relación con alexis estaba de la mejor manera y puedo decir firmemente que ese año fue el mejor de los cinco años de relación, ambos eramos cariñosos el uno con el otro, todo era como un cuento de hadas.

Nunca pensé que me tocaría escribir esto en mi libro, ahora mi corazón está muy destruido, Alexis era la persona con la cual quería compartir mi vida, con el veía aquel futuro tan hermoso, con el veía aquella familia juntos.

No les contaré mucho de esta constelación, pues es algo que me duele bastante y no estoy listo para plasmar todo, solo quiero marcar el final de mi relación aquí, para probablemente contarles esa hermosa historia de mi amor con Alexis en otro libro.

El mensaje.

Fue un martes por la noche cuando de pronto me llega un mensaje de Alexis, fue a su casa para hablar y fue ahí en donde me dijo que lo que quería decirme era que ya no quería continuar con la relacion, que me amaba mucho pero que algo dentro de el le decia que yo no lo complementaban por completo y pues no quería llegar a casarse con alguien que no lo complementará, sinceramente fueron palabras que me destruyeron, escuchar que me amaba demasiado pero que renunciaba a mi, fue sinceramente lo más doloroso, pero algo dentro de mí, entiendo que a veces el amor no es suficiente y que a veces el amor de tu vida, no es para tu vida.

Ahora mis días están un poco grises, alexis me sacó de su vida de la noche a la mañana y eso es algo que es bastante duro de digerir, espero que cuando pase todo mi proceso de sanción en esta constelación, se los pueda contar en otro libro, ahora sanaré mi corazón y empezare a buscar mi nuevo final feliz, porque sé que ese final feliz esta en algun lugar de mi destino, lo se desde que era pequeño.

Para mi principe.

En este pedazo de papel me despido de ti, eres y seras mi eterno amado para siempre, mi alma llevara tu amor y tu esencia para siempre, gracias por todos los bonitos momentos juntos, gracias por cuidar de mi, gracias por hacerme la vida feliz tanto tiempo, estaré eternamente agradecido porque el universo te puso en mi vida en aquel momento en el que recibí la peor noticia de mi vida, tu fuiste esa luz que me hizo seguir adelante cuando sentía que ya no podia mas con mi propia vida, gracias por no dejarme solo a pesar de la vida tan complicada que cargo en mi pasado, extrañare mucho los sábados de películas con papas y pizza, para después rascarte la espalda, gracias por llegar a hacer mis cumpleaños tan especiales y llenos de amor, siempre recordaré tu cara que ponías cuando querías que te abrazara para dormir, extrañare mucho tus abrazos que me reiniciaba la energía, porque eran cálidos y llenos de amor, me llevo en mi alma cada detalle de ti para mi, jamas olvidare mi cumpleaños con mi comida favorita cocinada por ti, gracias por tanto de tu amor.

En mi corazón se quedan esas mañanas en donde me llevabas mi cafecito, esas mañanas en donde me despiertas con hot cakes, o esas mañanas en las que me despiertas con un besito.

Espero que en otra vida el universo nos deje llegar a formar una familia, con una casita, un hijo y con todos esos sueños de ambos ya realizados.

Te amo todo un universo, hasta la eternidad.
Me despido, mi principe...

Las constelaciones de mi vida.

¿Fin?

Made in United States
Orlando, FL
19 January 2024